AF457304

HISTOIRE

DU

SIÈGE DE TOULON

EN 1707

D'APRÈS DES DOCUMENTS INÉDITS

ACCOMPAGNÉE

D'UN PLAN DES ENVIRONS DE LA VILLE

AVEC INDICATION DES CAMPEMENTS DES ASSIÉGEANTS
ET DES POSITIONS DE LEURS BATTERIES
D'APRÈS UNE CARTE ALLEMANDE PUBLIÉE A FRANCFORT EN 1707

Par le Dr Gustave LAMBERT

TOULON
Imprimerie du Var, rue Picot, 48

1891

HISTOIRE

DU

SIÈGE DE TOULON

En 1707

OUVRAGES DU MÊME AUTEUR

Histoire des guerres de religion en Provence. 2 vol. in-8°.

Les consuls de Toulon commandants militaires et lieutenants du roi au gouvernement de la ville. 1 vol. in-8°.

Nicolas Laugier (de Toulon), graveur d'histoire. Sa vie et ses œuvres. In-8°.

Le régime municipal et l'affranchissement des communes en Provence au moyen âge. 1 vol. in-8°.

L'œuvre de la Rédemption des captifs à Toulon. 1 vol. in-8°.

Histoire de Toulon. 3 vol. in-8°.
Le quatrième et dernier volume est sous presse.

HISTOIRE

DU

SIÈGE DE TOULON

EN 1707

D'APRÈS DES DOCUMENTS INÉDITS

ACCOMPAGNÉE

D'UN PLAN DES ENVIRONS DE LA VILLE

AVEC INDICATION DES CAMPEMENTS DES ASSIÉGEANTS
ET DES POSITIONS DE LEURS BATTERIES
D'APRÈS UNE CARTE ALLEMANDE PUBLIÉE A FRANCFORT EN 1707

Par le Dr Gustave LAMBERT

TOULON

Imprimerie du Var, rue Picot, 48

1891

HISTOIRE

DU

SIÈGE DE TOULON

EN 1707

La guerre de la succession d'Espagne. — L'armée des coalisés réunie dans les Alpes menace la Bresse, le Dauphiné et la Provence d'une invasion. — Incertitudes funestes à la cour de France sur les projets des ennemis. — On apprend que leur objectif est de surprendre Toulon avec l'appui d'une flotte anglaise concentrée à Gênes. — Les coalisés descendent par Coni et Nice sur le Var. — Situation misérable des fortifications de la place de Toulon. — Le maréchal de Tessé reçoit l'ordre de diriger une armée de secours du Dauphiné sur la Provence. — Préparatifs de défense à Toulon : état du personnel et du matériel de siège. — Construction d'ouvrages avancés sur le front est de la ville et d'un camp retranché à Sainte-Anne. — Les ennemis passent le Var le 11 juillet. — Les premiers bataillons français arrivent à Valensole le 19. — Toulon devenu l'enjeu d'une marche à accomplir par les deux armées. — Itinéraires projetés du maréchal de Tessé de Valensole à Toulon. — Le comte de Grignan les fait modifier. — Marche des bataillons à travers les montagnes, de Tavernes à Montrieux et de là à Toulon, par Orvès. — Sept bataillons de secours entrent à Toulon le 22, pendant que le duc de Savoie campait au Luc. — Arrivée à Toulon, le 23 juillet, de neuf bataillons, et le 25 des treize derniers bataillons. — Les ennemis arrivent le 26 à la Valette et y établissent leurs campements. — Ouverture des hostilités. — Les assiégeants s'emparent de la Croix-de-Faron, et, successivement, de la hauteur d'Artigues et du plateau de Sainte-Catherine. — Ils ouvrent une parallèle de Sainte-Catherine à la hauteur de la Malgue. — Opérations de la flotte anglaise devant Toulon et sur la côte. — Le

7 août les ennemis ouvrent le feu de leurs batteries contre la ville. — Relation du siège. — Plan d'une sortie générale des assiégés sur six colonnes. — Combat du 15 août. — Les ennemis perdent leurs positions de Faron, d'Artigues, de Sainte-Catherine et de Dardennes. — Bombardement de Toulon par terre et par mer. — Levée du siège. — Etat de la ville et de son territoire après la levée du siège. — Retraite de l'armée des coalisés sur le Var. — Inaction du maréchal de Tessé. — Ses causes et ses effets. — Conclusion.

Depuis le traité de Ryswick, signé en 1697, la France était en paix. Trois ans après, la mort de Charles II, roi d'Espagne, en plaçant la couronne sur la tête de Philippe V, duc d'Anjou et petit-fils de Louis XIV, mit de nouveau les armes à la main de l'Europe entière. C'était la période d'expiation qui allait s'ouvrir pour le grand roi.

La France ne se laissa pas abattre. Il fallut la coalition de huit peuples pour mettre sa fortune en échec (1), et jamais la défaite ne mérita plus d'honneur et de respect. Dans cette lutte immense et qui n'avait pas de précédent dans les annales de l'Histoire, les Triumvirs de la ligue, comme les appelle Torcy dans ses *Mémoires*, furent le duc de Marlborough, le plus grand par ses talents militaires et le plus méprisable par la bassesse de son caractère, des généraux qu'ait produits l'Angleterre ; le prince Eugène, un illustre fugitif français, et Heinsius, Grand Pensionnaire de Hollande. Ces trois hommes, à la haine commune qui les unissait contre la France, joignaient des griefs ou des desseins plus implacables encore que la politique. Louis XIV leur opposa Villars, Vendôme, Berwick et Dugay-Troin, qui tinrent, non sans gloire, malgré leurs malheurs, la place des Condé, des Turenne, des Luxembourg et des Duquesne.

(1) L'Angleterre, le Danemark, la Hollande, l'Autriche, la Prusse, les cercles de l'Empire, le Portugal et la Savoie.

De toutes les grandeurs du règne, c'était encore le génie militaire qui restait le plus fécond.

La France se débattait depuis deux ans déjà contre sept nations coalisées, lorsque le duc de Savoie, Victor-Amédée, que des liens de famille unissaient étroitement à la couronne de France (1), fermant son cœur à tous ses sentiments d'affection pour n'écouter que ses intérêts, qui étaient ceux de son peuple, prit des arrangements avec l'empereur. Au mois de janvier 1703, il s'engagea à faire la guerre à Louis XIV et à l'Espagne, contre la promesse de la cession au Piémont du Montferrat, d'Alexandrie, de Valenza, de la Lomelline et du Val de Sésia. A partir de ce moment la guerre couvrit l'Europe presque entière : en Italie, en Espagne, sur le Rhin, dans les Pays-Bas, du Zuidersée à Naples, du Danube à Gibraltar. Jamais la coalition n'avait été aussi étendue et aussi compacte, jamais la victoire n'avait été aussi infidèle à nos drapeaux, jamais la patrie française n'avait couru d'aussi effroyables périls.

Les années 1705 et 1706 furent désastreuses pour nos armes. En 1707, Marlborough occupait le Brabant et la Flandre espagnole et se disposait à marcher sur Lille. En Italie, nos troupes, battues sous les murs de Turin, avaient été forcées d'évacuer toutes leurs garnisons. Le duc de Savoie et le prince Eugène, maîtres du Milanais, du Piémont, du Mantouan et de Naples, réunirent le gros de leurs forces, auxquelles vinrent s'adjoindre douze mille impériaux, et en formèrent quatre corps, qui prirent position : le premier à Mazan, près d'Ivrée, le deuxième et le troisième

(1) Deux filles de Victor-Amédée avaient épousé, l'une, Marie-Louise-Gabrielle de Savoie, le duc d'Anjou, devenu roi d'Espagne, sous le nom de Philippe V, et l'autre, Marie-Adélaïde de Savoie, le duc de Bourgogne, père de Louis XV.

à Rivoli et à Sancillac, non loin de Pignerol, et le quatrième à Desmons, dans les environs de Coni.

Ce n'était un mystère pour personne que les coalisés, campés sur le revers des Alpes, n'allaient pas tarder à descendre en France. A la cour, on s'attendait, soit à une invasion du Dauphiné par le Pas de Suze, soit à une invasion de la Savoie et de la Bresse par le Val d'Aoste. Chose inouïe ! Nul dans les conseils du gouvernement ne prévoyait que les alliés pouvaient descendre sur le Var par Coni, Sospel et le comté de Nice, et entrer librement en Provence. Dans l'incertitude où on était du point par lequel les ennemis déboucheraient en France, le roi avait ordonné de concentrer l'armée sortie vaincue d'Italie en Dauphiné et en Savoie, et en avait donné le commandement au maréchal de Tessé qui, malheureux en Espagne, désirait faire oublier sa mauvaise fortune. Le maréchal avait une grande étendue de pays à garder avec des troupes insuffisantes, découragées par la défaite, mal payées et manquant de tout. Il écrivait au ministre de la guerre, le 18 juin 1707, de Chaumont, petit bourg de la Haute-Savoie, où il avait établi son quartier général : « ..... Mais cette valeur fran-
» çaise qu'est-elle devenue ? Elle est telle qu'elle n'a jamais
» été, et je ne sçaurois trop admirer ce que je vois tous les
» jours : des officiers qui marchent à pied, parce qu'ils
» n'ont pas de quoy servir autrement, que je les vois
» réduits au pain de munition et à l'eau, et que j'en sçois
» nombre qui sont des sept et huit jours sans manger un
» morceau de viande, parce qu'ils n'ont pas de quoy en
» acheter. Après cela, de croire que cette extrême disette,
» qu'il faut voir de près pour la croire, mette de la gaîté et
» de la volonté dans la vivacité du service, c'est ce qui
» n'est et ne sera jamais, et quelque louable que soit la

» vertu, ses efforts pour la guerre ne se font point quand » l'indigence, au point qu'elle est, se retrouve tous les » jours (1). »

Mais les alliés ne menaçaient ni le Dauphiné, ni la Savoie, ni la Bresse; leur objectif était la Provence, à laquelle personne ne pensait en France et à la cour et qu'on laissait désarmée. L'Angleterre et la Hollande avaient imposé cette expédition à la coalition, et c'était Toulon, ce grand arsenal maritime odieux aux Anglais et d'où étaient sorties les flottes qui avaient tenu en échec la puissance maritime de la Hollande dans la Méditerranée, qu'on voulait anéantir à tout jamais. Le plan en avait été dressé à Londres à la fin de l'année 1706, dans un conseil présidé par la reine Anne, qui avait promis le secours d'une flotte anglaise et six millions de subsides, et arrêté définitivement dans ses détails d'exécution le 15 janvier 1707, à Valence, dans un conseil de guerre auquel assistèrent l'amiral anglais Schowel et quatre ministres des nations coalisées. A Toulon cependant on ne se faisait aucune illusion sur les dangers que courait la ville. Dès le mois d'avril, on avait connu la présence d'une escadre anglaise sur les côtes de la Ligurie, et des avis divers étaient venus souvent des ports de l'Italie, annonçant que les vaisseaux anglais n'étaient réunis dans ces mers que pour participer au siège d'une ville, qui ne pouvait être que Toulon. Le vieux comte de Grignan, lieutenant général en Provence et commandant en absence du duc de Vendôme, gouverneur, et M. de Chalmazel, commandant militaire de Toulon, avaient écrit à la cour,

(1) *Correspondance du maréchal de Tessé.* Manuscrit d'une très belle écriture de la fin du XVIIIe siècle; 2 volumes in-folio, à la bibliothèque communale de Toulon.

qui resta indifférente à leurs informations, dominée qu'elle était par l'idée que le duc de Savoie ne tenterait jamais une expédition dans laquelle Charles-Quint avait échoué deux fois. Ils ne se lassèrent cependant pas de représenter à M. de Chamillard, ministre de la guerre, la mauvaise situation militaire de la Provence et l'état déplorable des fortifications de Toulon, « qui ne pourroit supporter un siège de quatre » jours ». A un certain moment même, le ministre parut fatigué à ce point des lettres de M. de Chalmazel, qu'il lui répondit non sans aigreur, « que si, comme il le disoit, » Toulon étoit assiégé, il pensoit qu'il feroit son devoir » pour le défendre (1) ».

Le maréchal de Tessé lui-même informait le ministre des

(1) *Journal de ce qui s'est passé à Toulon pendant que cette ville étoit assiégée en 1707 par Victor-Amédée, duc de Savoye, et par l'amiral anglais Schowel, commandant la flotte des alliés.* Manuscrit en ma possession.

Cette relation, qui me servira de principal guide dans mon récit du siège de Toulon, a été écrite par l'aide de camp de M. de Chalmazel, bien placé, comme on le voit, pour connaitre toutes les opérations militaires. L'auteur anonyme explique le but qu'il poursuit en écrivant son *Journal* et trahit sa personnalité dans ces quelques lignes placées en tête de son manuscrit :

« Je n'étois point dans le dessein d'écrire ce qui s'est passé dans » Toulon pendant le temps que cette ville a été attaquée par le duc de » Savoye ; mais ayant remarqué peu de fidélité dans les relations qui ont » paru et les *Mémoires* qui ont fourni matière aux deux volumes que » l'auteur du *Mercure galant* a donnés au public étant fort défectueux (l'auteur fait ici allusion à l'*Histoire du siège de Toulon*, par Devize, publiée en 1707 par l'éditeur du *Mercure galant*), je n'ai pu m'empê- » cher de rompre le silence sur un sujet qui a été l'entretien de toute » l'Europe.

» Je me suis rapporté à des personnes de foi sur ce qui s'est fait dans » cette ville avant le 20 juillet ; c'est le jour que j'y suis arrivé, venant » d'Aix, et que M. le marquis de Chalmazel, brigadier des armées du » Roy, commandant de la ville, me choisit pour son aide de camp. »

bruits qui couraient en Dauphiné d'un envahissement prochain de la Provence par les coalisés ; néanmoins, il ne pouvait être assez affirmatif pour le convaincre, et il ne cachait peut-être pas assez que les relations qui arrivaient jusqu'à lui pouvaient bien n'être, au fond, qu'une ruse de guerre pour lui faire évacuer le Dauphiné et la Savoie. Il écrivait, en effet, le 15 juin à M. de Chamillard : « ..... Les » positions occupées par les ennemys peuvent faire douter » si c'est en Savoye, en Dauphiné ou en Provence qu'ils » ont envie de pénétrer ; cependant la flotte combinée » qu'ils ont dans la Méditerranée doit faire croire que c'est » sur cette dernière province qu'ils portent leurs vues, et » c'est pour cela que je vous envoye un exprès, car il n'y » a pas un moment à perdre pour jeter à Toulon et dans les » autres places du pays les hommes et les munitions néces- » saires. Pour moi, en attendant les ordres précis de Sa » Majesté, je ne changeroi rien à ma situation. Je verroi » les Allemands passer en Provence, comme ils en font » courir le bruit, mais je n'abandonneroi ni le Dauphiné, » ni la Savoye tandis que je verroi l'ennemi aussi puissant » à Rivoli et à Orbassan, d'où il peut se répandre dans le » Val d'Aoste et attaquer nos vallées. Qui sait même si ce » bruit d'entrer en Provence n'est point affecté ? » Chaque jour cependant la conviction se faisait plus nette dans les appréciations du maréchal. Le 19 juin il écrivait de nouveau, de Chaumont, au ministre : « Le camp principal » s'assemble et grossit dans la plaine d'Orbassan. L'autre » camp, du côté de Sossan, a coulé vers Coni, et les gros » magasins de vivres, d'artillerie et de munitions se font de » ce côté là par des convois de sept à huit cents charettes » par jour, suivies de plus de six mil mulets..... Songez à » Toulon, car je n'y puis rien faire. » Et le même jour il lui disait, dans une deuxième lettre, qu'il venait d'apprendre que la flotte anglaise embarquait à Gênes et autres ports, quarante mille sacs de grains, des vivres pour trente jours, des bombes, des fascines, etc. « Tout, ajoutait-il, sent » quelque entreprise sur nos côtes de Provence. Dieu » veuille que ce ne soit pas Toulon. » En même temps, le prince de Monaco envoyait courrier sur courrier à la cour pour l'informer que la flotte alliée embarquait à Final, dans le golfe de Gênes, des canons, des munitions et des vivres, « et que tous ces préparatifs n'étoient que pour » faire le siège de Toulon ».

Le roi et ses ministres finirent par être ébranlés. La vérité était que jusqu'à ce moment ils avaient cru à une invasion par la Savoie et la Bresse et à une marche sur Lyon, pour rayonner de là dans les Cévennes et y rallumer le feu des guerres religieuses, ce que rendait probable la présence de Cavalier au camp des alliés (1). Cependant, avant de prendre une détermination, le ministre voulut avoir l'avis de l'illustre Catinat, qui répondit par l'envoi d'un *Mémoire* dans lequel il déclarait que la Provence allait être envahie et que Toulon et Marseille, sans défense, seraient brûlés : « C'est un très grand malheur, disait-il, » qu'on ait si peu de temps et tant de choses à faire. Toulon » n'a qu'une seule enceinte avec un seul chemin couvert » presque ruiné et sans palissade. Il n'y a presque point » de troupes en Provence et il faut du temps pour y faire » venir celles qui sont le plus à portée. On ne s'est pas » décidé à les faire venir parce que l'on craint pour Grenoble » et Lyon. Laissés Lyon, jetés en Provence tout ce que l'on

(1) On a dit, mais sans pouvoir jamais le prouver d'une manière décisive, que Cavalier était sous les murs de Toulon pendant le siège.

» a de troupes, et faites tout pour fortifier Toulon en faisant » entrer dans la place partie des milices du pays (1). »

Le marquis de Langeron, lieutenant général des armées navales et commandant de la marine au port de Toulon, et M. de Vauvré, intendant de la marine au même port, se trouvaient en ce moment à Versailles. Le roi les fit appeler auprès de lui. Ils ne purent lui dissimuler le peu de résistance que le duc de Savoie rencontrerait en Provence et la facilité qu'il aurait à se rendre maître de Toulon. Ils lui démontrèrent, en effet, que la place ne pouvait tenir que pendant quelques jours; qu'en bien des points, du bastion Saint-Jean ou des Minimes au bastion de la Fonderie, les anciennes murailles n'étaient pas terrassées ; que le parapet était ruiné et les fossés comblés à demi; qu'il n'y avait pas trace de chemin couvert; « que le glacis étoit » à niveau et même plus bas que la campagne et qu'on » voyoit le pied des remparts de quelque côté qu'on y » jettât les yeux ». Le roi parut fort surpris de ce qu'on lui apprenait et dit « qu'il n'auroit jamais crû qu'une place où » les ouvrages qu'il avait fait faire coutoient tant de millions » put être emportée d'emblée ». A quoi M. de Langeron et M. de Vauvré répondirent qu'il était vrai que M. de Vauban avait proposé de couvrir la porte Saint-Lazare et toutes les courtines de demi-lunes, « de mettre à perfection » les chemins couverts et les glacis, mais que les fonds destinés à ces ouvrages avaient été employés à des usages qu'on croyait alors plus nécessaires (2).

Le roi donna l'ordre à M. de Langeron et à M. de Vauvré de rejoindre leur poste le soir même. Il envoya un courrier

(1) *Archives du ministère de la guerre.* Vol. 2,041.

(2) *Journal du siège de Toulon.*

au maréchal de Tessé pour qu'il eût, « sans retardement », à faire marcher un corps d'armée sur la Provence, sans dégarnir pour cela entièrement le Pas de Suze. En même temps, le ministre de la guerre désignait le lieutenant général de Sailly pour commander en Provence sous les ordres de M. de Grignan, qui était âgé de 75 ans, et le lieutenant général marquis de Saint-Paters pour commander les troupes qui devaient composer la garnison de Toulon, M. de Chalmazel ayant tout le détail de la place. Les lieutenants généraux de Sailly et de Saint-Paters faisaient partie de l'armée du Dauphiné.

Le marquis de Langeron et M. de Vauvré arrivèrent à Toulon le 23 juin. Le comte de Grignan, qui avait reçu des ordres en conséquence, s'y rendit le lendemain et MM. de Sailly et de Saint-Paters y entrèrent le 26. Ils visitèrent les fortifications et les dehors de la place et tinrent ensuite un conseil, auquel fut appelé M. Niquet, directeur des fortifications de Provence, en ce moment à Marseille. Il fut décidé qu'on ferait un retranchement depuis la hauteur de Sainte-Catherine jusqu'à la chapelle de ce nom (1). Ce retranchement, dirigé nord et sud, du fort d'Artigues actuel à notre fort Sainte-Catherine, était destiné à couvrir

(1) Il y a une confusion à éviter relativement aux positions que les documents du temps appellent Sainte-Catherine ou hauteur de Sainte-Catherine et chapelle de Sainte-Catherine. En 1707, on donnait le nom de Sainte-Catherine et souvent de hauteur de Sainte-Catherine, à l'exhaussement rocheux sur lequel nous voyons aujourd'hui le fort d'Artigues, et celui de chapelle Sainte-Catherine à la colline, plus rapprochée de la ville, sur laquelle fut édifié plus tard le fort encore dénommé de Sainte-Catherine. Pour une plus facile intelligence des opérations du siège, j'emploirai dans mon récit l'expression de hauteur d'Artigues, aujourd'hui consacrée, en opposition à celle de chapelle Sainte-Catherine, désignant l'emplacement du fort actuel de ce nom.

la porte Saint-Lazare et la partie nord et nord-est de la place. L'ingénieur Niquet fut chargé d'en dresser le plan et d'en surveiller l'exécution. M. de Grignan envoya l'ordre aux communautés des environs de lever des paysans pour travailler aux défenses. Le 29 juin, quatre mille ouvriers étaient réunis à Toulon.

Le maréchal, en recevant l'ordre du roi de diriger un corps d'armée sur la Provence, semble s'être toujours tenu en garde contre une manœuvre des ennemis. Il avait décidé d'abord de ne faire marcher ses troupes que jusqu'à Sisteron, pour les avoir mieux sous la main dans le cas où les mouvements des alliés n'auraient été qu'une ruse pour couvrir une invasion facile en Savoie ou en Dauphiné. C'est ce qu'on peut inférer, du moins, d'une lettre qu'il écrivait au ministre le 25 juin et dans laquelle il lui disait : » ..... J'envoye Duchy à Marseille pour voir les moyens de » préparer les vivres de l'armée que je compte d'assembler » à Sisteron, si les ennemys entreprennent sur Toulon, et » je risqueroi le tout pour le tout afin de prévenir ce terrible » malheur. » Ce ne fut que dans les derniers jours du mois de juin que le plan des alliés se dessina clairement par la concentration de leurs forces à Coni : « Les meilleures » troupes du duc sont en marche vers Coni, écrivait le » maréchal le 28 juin, de Chaumont, et la flotte embarque » à Final. » Et le 3 juillet, pendant que les troupes de secours étaient déjà en marche : « Plus de doute, disait-il » au ministre, les ennemys vont en Provence. Si leur » dessein, comme je le crois, est sur Toulon, ne pouvant » arriver assez tôt ny en force par le Var, je dois les laisser » déterminer à quelque chose et j'espère que ce qu'ils entre- » prendront durera assez de temps pour me donner le loisir » d'arriver. » Deux jours après, le 5 juillet, il avait quitté son quartier général de Chaumont et était à Briançon, en route pour se rendre à Sisteron par la vallée de Barcelonnette.

Le mouvement de concentration des alliés sur Coni ne fut connu à Toulon que le 2 juillet. Le lendemain, le comte de Grignan convoqua le ban et l'arrière-ban de la viguerie : la noblesse devait se rendre auprès de lui avec ses équipages, les milices se tenir prêtes à se porter partout où il ordonnerait, les habitants de Toulon se former en compagnies pour la garde intérieure de la ville. Il se passa alors un fait qui montre bien à quel degré de pauvreté était réduite la gentilhommerie de notre région. Presque tous les nobles répondirent qu'ils étaient prêts à donner à Sa Majesté des marques de leur fidélité et qu'ils allaient prendre les armes, mais que « sans chevaux, sans argent » et dans l'attente de la récolte du blé », ils marcheraient à pied, et ils suppliaient le comte de leur fournir l'étape comme à de simples fantassins, « n'étant point en leur » pouvoir de servir dans un autre équipage ». Le comte de Grignan n'ignorait pas les tristes nécessités qui pesaient sur la petite noblesse; il fit donner des chevaux et distribuer quelques armes aux gentilhommes les plus déshérités et leur prescrivit de se porter à la tête des milices de leurs quartiers là où besoin serait ou selon les ordres qu'ils recevraient.

Il était difficile de fonder de sérieuses espérances sur les levées des milices rurales, composées d'hommes arrachés à leurs travaux des champs, pour le plus grand nombre sans armes, sans cohésion entr'eux et destinés à agir contre des ennemis nombreux, bien organisés et possédant une puissante cavalerie. Néanmoins, les paysans se familiarisèrent bientôt avec la guerre d'embuscades, pour laquelle leur tempérament les disposait et, en définitive, tuèrent beaucoup d'ennemis et rendirent de grands services. Ils en auraient rendus de plus grands encore si, le plus souvent, ils n'avaient pas manqué de poudre et de balles, comme le constata plus tard le maréchal de Tessé lui-même dans une lettre au ministre.

Mais il ne fallait pas seulement lever les populations pour résister aux ennemis et se défendre contre une invasion et un siège ; il fallait de l'argent pour mettre en état les fortifications de Toulon, établir des magasins de munitions et faire des approvisionnements de vivres pour les troupes qui descendaient en Provence. Les fonds de la province étaient épuisés et on ne pouvait songer à demander des subsides à l'Etat. M. Lebret, intendant de Provence, donna le premier l'exemple du dévouement patriotique en faisant porter sa vaisselle d'argent à la Monnaie pour être convertie en pièces de dix sols ; M. de Grignan fit également fondre son argenterie, aux armes des Grignan-Sévigné ; Marseille donna cent mille piastres ; Aix, Arles et toutes les autres communautés se cotisèrent selon leurs ressources. Toulon ouvrit une souscription publique : Mgr de Chalucet versa quinze cents livres, M. Burgues de Missiessy cinq cents livres, etc., en tout trente-trois mille livres, que les consuls affectèrent à l'achat d'un chargement de blé, de douze cents moutons et de quelques bœufs.

La plus grande activité régnait à Toulon. On avait recruté dans la ville et la région, jusqu'à Aubagne et Brignoles, tout ce qu'on avait pu trouver de maçons et de terrassiers, pour la réfection des remparts et les démolitions des maisons qui pouvaient gêner la défense. M. de Saint-Paters était un vaillant homme de guerre, mais on peut dire, sans offenser sa mémoire, qu'il se montra toujours dur aux habitants et intraitable pour tout ce qui touchait aux intérêts généraux ou particuliers de la communauté. Il fit abattre les arbres des jardins pour faire des fascines et des palissades, démolir les maisons de campagne dans un rayon très étendu autour de la ville (1), jeter bas au niveau du sol le couvent des Pères de la Merci, raser les couvents des Minimes et des Bernardines à la hauteur des courtines, dépaver les rues pour éviter les éclats de pierre par le choc des bombes et des boulets, et en arriva même à ordonner de faire sauter par la mine les monuments élevés à la mémoire de Mgr de Pingré et de M. de Courcelles dans le cimetière de Saint-Lazare ! Exagérations évidentes d'un zèle prévoyant qu'on ne peut blâmer, mais qu'on a le droit de regretter.

Les chefs de la marine, qui donnèrent pendant le siège les preuves les plus éclatantes de leur bravoure et s'inspirèrent toujours des plus énergiques résolutions, semblent n'avoir agi, dans les premiers moments, qu'au milieu d'une certaine confusion, née de déterminations mal refléchies. C'est là un des côtés de l'histoire du siège de Toulon que les écrivains ont absolument passé sous silence, soit qu'ils l'aient ignoré, soit qu'ils écrivissent leurs *Relations* à une époque où il n'était pas permis de tout dire. A la suite d'un conseil tenu chez M. de Langeron, auquel assistaient M. de Vauvré, tous les chefs d'escadre et capitaines de vaisseau, M. de Saint-Paters et M. de Chalmazel, il fut

(1) « On auroit pu se passer de faire abattre tant de maisons de cam-
» pagne, ce qui a causé une perte inutile et considérable à beaucoup de
» bourgeois ; mais M. de Saint-Paters l'ayant jugé nécessaire pour la
» sûreté de la place, il a fallu subir cette loi et celle de voir couper les
» arbres fruitiers, non-seulement des jardins, mais encore à une demie
» lieue à la ronde, pour faire des fascines dont on se servoit aux batteries
» et aux retranchements de Sainte-Anne. »

décidé qu'on viderait les magasins de l'arsenal des cordages, des mâts, des voiles « et de tout ce qu'on avoit de meilleur », qu'on embarquerait ces agrès sur des tartanes, ainsi que les canons en fonte aux armes du roi, et que le tout serait transporté à Arles, pendant qu'on expédierait par voie de terre la comptabilité de la marine à Avignon, portée par les commissaires, écrivains et commis du port. Il y a là une preuve certaine du peu de confiance qu'on avait sur la résistance que pouvait offrir Toulon. Dans un deuxième conseil de guerre tenu pour étudier l'utilisation dans la défense des batteries qui garnissaient les côtes de la rade, il fut arrêté qu'elles seraient démolies, « parce qu'elles ne » pouvoient pas soutenir une attaque venant de terre à la » suite d'un débarquement », ce qui fut exécuté pour les batteries de la hauteur de la Malgue et de la presqu'île de Saint-Mandrier, où on jeta les canons et les mortiers à l'eau. « Peu s'en fallut, dit le *Journal du siège*, que dans le » même conseil, la démolition des tours et des forts ne » suivît celle des batteries; ce qui fut agité. » Et, comme si ce n'était pas assez d'abandon de soi-même dans ces circonstances critiques, quelques jours après on décida que les huit galères qui étaient en ce moment dans le port, sous le commandement de M. des Roye, seraient renvoyées à Marseille. M. des Roye refusa d'obéir, disant qu'ayant reçu l'ordre de Sa Majesté de venir à Toulon, il ne se retirerait que sur un ordre formel de la cour. On écrivit pour cela au ministre de la marine, et telles étaient les incertitudes qui régnaient sur les résultats du siège, que l'ordre arriva au commandant des galères de rentrer à Marseille. Ce fut une faute grave. Douze jours après leur départ on reconnaissait si bien la nécessité de la présence des galères, qu'on écrivait à M. des Roye de revenir, et que M. Arnous, intendant des galères, partait en poste pour Marseille pour hâter leur retour. Mais la flotte anglaise gardait déjà les approches de la rade de Toulon et elles furent condamnées à l'immobilité du mouillage.

Cependant les travaux de défense s'exécutaient rapidement : les retranchements de Sainte-Catherine s'achevaient, les glacis des fronts est et nord de la place avaient été exhaussés avec la terre extraite des fossés, les courtines et bastions étaient mis en état provisoire et armés de grosses pièces de marine. Le comte de Grignan semblait avoir retrouvé toute l'activité de sa jeunesse. Toujours en poste entre Marseille et Toulon, il prescrivit aux capitaines gardes-côtes de l'arrondissement de mettre leurs compagnies sous les armes (1) et aux milices cantonales de se rendre à Toulon. Il forma ainsi trois bataillons de gardes-côtes (2) et six compagnies de milice, plus trente compagnies de cent hommes levées à Toulon. Les miliciens ne tardèrent pas à arriver, mais l'embarras vint de l'obligation de régler leur emploi, de les armer et d'en tirer parti. On ne sut

(1) L'organisation des gardes-côtes remontait aux derniers mois de l'année précédente et était à peine achevée au moment de l'invasion. Elle comportait la division du littoral en départements maritimes. Celui de Toulon s'étendait de la Ciotat au cap Sainte-Marguerite, près Fréjus. Les compagnies de gardes-côtes étaient composées des riverains, armés et instruits aux frais des communautés.

(2) Un de ces bataillons, commandé par M. de Bandeville, fut envoyé aux Vaux d'Ollioules pour garder ce défilé et le tenir libre pour le passage des troupes de secours, dans le cas où les ennemis paraitraient avant elles devant la place. Un autre, sous les ordres de M. de Beaucouse, fut dirigé sur la Ciotat, et c'est, sans doute, à sa présence qu'on dut, plus tard, que les vaisseaux anglais n'osèrent jamais faire une descente dans ce port de mer. Enfin le troisième, commandé par le chevalier de Solliès, campa sous Toulon et fournit, pendant le siège, des détachements aux forts de la rade et de la côte.

bientôt plus qu'en faire. Les miliciens se plaignaient de n'être ni armés, ni incorporés et, comme ils n'étaient pas payés, ils désertèrent peu à peu pour retourner dans leurs villages. De ce fait, il se créa dans l'armée des opinions hostiles contre les milices. M. de Chalmazel écrivait le 20 juillet au ministre : « Je n'ay jamais vu une nation si » rebelle que le peuple de ce pays ; on a beau leur » commander, ils n'obéissent pas ; quand il vient des » paysans, au bout de deux jours ils désertent, comme » aussi tous ceux qui sont commandés pour la milice, » lesquels viennent sans armes..... (1) ». Et, de son côté, le maréchal écrivait le 26 juillet, mais avec plus de tempérament et de raison : « C'est une erreur de compter sur les » milices et même sur la noblesse du pays. Les milices ont » été assemblées et à peine arrivées disparaissent ; elles ne » sont ni armées, ni payées, et la noblesse n'a ni cheval, » ni mule..... Je vois que vous comptés sur les peuples et » les milices ; il n'est question ni de l'un ni de l'autre : ils » n'ont ni armes ni poudre, et leur meilleure volonté est » impuissante ». Le désarroi était tel que les services des trente compagnies levées à Toulon même furent paralysés par l'impossibilité où on se trouva de les armer. M. de Saint-Paters leur fit distribuer des lances, des piques, des sabres, et les employa à la garde des postes intérieurs et à la surveillance des travaux extérieurs.

Pendant que l'armée des alliés descendait de Coni sur le Var par Sospel et Nice et que les forces françaises débouchaient par la vallée de Barcelonnette sur Sisteron, le maréchal de Tessé était venu en poste à Toulon, où il arriva le 10 juillet. Il fut très surpris de l'état de délabre-

(1) De Saporta. *La famille de Madame de Sévigné en Provence.*

ment des fortifications de la place. Deux jours après, le 12 juillet, il écrivait d'Aix au roi : « Toulon, Sire, n'est pas » une place, c'est un jardin dans lequel est renfermé tout » ce qu'il y a de plus précieux pour vous et dont la perte » irréparable est indicible. On n'a jamais songé aux forti- » fications du côté de la terre, mais tout ce qui regarde la » mer est en bon état. Ce que l'on appelle le glacis, qui » n'étoit pas formé et auquel on travaille, est semé de » grosses maysons de plaisance, de jardins et de maysons » religieuses. L'on n'avait jamais songé à faire un chemin » couvert, l'on en forme actuellement un que l'on pallissade » comme l'on peut. Il n'y a aucune demy lune le long des » courtines, excepté celle qui couvre la porte par où l'on » entre en arrivant d'Aix ; il n'y a pas même de terre le » long des courtines et l'on y fait des échafaudages pour » faire le recul du canon, tant le rempart a peu d'espace. » A tout cela, Sire, quatre mille habitans du pays et vos » troupes travaillent jour et nuit... Si vos ennemys, qui » sont actuellement à Nice, sont une fois postés devant » Toulon, cette place, dans l'état qu'elle est, malgré la » valeur et la bonne volonté des officiers, qui y feront au » delà du possible, ne peut pas durer longtemps. » Et comme il annonçait au roi qu'il fallait jeter trente ou quarante bataillons dans la place, il ajoutait : « Dieu veuille » que M. le duc de Savoye m'en laisse le temps ! »

Ce tableau que le maréchal de Tessé traçait au roi de l'état misérable des fortifications était d'une rigoureuse exactitude. Il aurait pu ajouter que la défense éloignée n'existait pas et que la place était dominée au nord et au sud, à l'est et au nord-est, par la montagne de Faron et les hauteurs dites de Sainte-Catherine, de la chapelle de Sainte-Catherine, de la Malgue et de la croupe de la Malgue, lesquelles n'étaient ni armées, ni gardées, et offraient, en conséquence, de bonnes positions d'attaque aux assiégeants. La seule partie forte de la défense était du côté de la mer. Les deux darses étaient protégées par un rempart et des plates-formes garnies de nombreux canons ; la petite rade par la Grosse-Tour à l'est, et les tours de l'Eguillète et de Balaguier à l'ouest ; la grande rade, que les ennemis devaient traverser pour paraître devant Toulon, par le fort Saint-Louis, et, plus loin, par le fort Sainte-Marguerite. On sait qu'à la suite d'un conseil de guerre, les batteries de la hauteur et de la croupe de la Malgue, ainsi que celles de la Grande-Sauve et du cros Saint-Georges, sur la côte de la presqu'île Saint-Mandrier, avaient été détruites.

Les appréhensions que le maréchal de Tessé communiquait au roi, touchant l'état des défenses de Toulon, se doublaient de l'infériorité numérique des défenseurs de la place pour résister à une armée que des bruits publics justifiés portaient à quarante mille hommes au moins, appuyée par une escadre formidable. C'est ici le lieu de dire quelles étaient les forces que les assiégés pouvaient opposer aux assiégeants.

L'état-major de la place se composait du marquis de Saint-Paters, lieutenant-général, ayant sous ses ordres M. de Cadrieux, brigadier ; de M. de Chalmazel, brigadier, commandant de la ville ; de MM. Flamenq, maire-consul ; Ferrand et Marin, deuxième et troisième consuls ; des sieurs Guilloire, major de la place, et de Brissac, aide-major. La garnison comprenait dix compagnies, sur lesquelles deux tenaient garnison à la Grosse-Tour. Le 2 juillet arrivèrent deux bataillons du régiment de Flandre qui, ayant évacué Nice, entrèrent dans Toulon. En tout environ deux mille quatre cents hommes.

L'état-major de la marine se composait de M. de Langeron, commandant en chef, et des officiers généraux comte de Villars, comte de Sepville, marquis d'Aligre et commandeur d'Ailly, chefs d'escadre. Tous les vaisseaux avaient été désarmés, à l'exception du *Saint-Philippe*, commandé par M. de Béthune de Selles et monté par cinq cent quarante hommes, et du *Tonnant*, sous les ordres du chevalier de Montgon, avec deux cents hommes seulement d'équipage. Les combattants de l'armée de mer dépassaient en nombre ceux de l'armée de terre. Sans compter deux cent quarante-trois officiers de différents grades, depuis celui de capitaine de vaisseau jusqu'à celui d'enseigne, une compagnie de cent cinquante gardes de la marine, commandée par M. de Beaujeu, capitaine de vaisseau, et une autre compagnie de cinquante bombardiers, la marine comportait un effectif de trois mille sept cent quatre-vingts hommes, canonniers, matelots, charpentiers, forgerons et autres ouvriers embrigadés dans l'arsenal. Ces hommes, d'aptitudes et de métiers différents, immatriculés dans de justes proportions dans toutes les compagnies, travaillèrent sans relâche aux batteries et les armèrent des gros canons des vaisseaux, « qu'ils ont servis, » dit le *Journal du siège*, d'une manière à s'attirer l'admi- » ration des deux armées, animés par la présence des » capitaines de vaisseau et officiers qui les commandoient ».

L'effectif des troupes de marine fut sectionné en douze brigades. Les six premières étaient commandées : la première, forte de trois cents hommes, par M. Desfranc; la deuxième, de trois cents hommes, par M. de Champigny; la troisième, de trois cent quatre-vingts hommes, par M. Duquesne-Mosnier; la quatrième, de trois cents hommes, par M. de la Boissière; la cinquième, de trois cents hommes, par M. de Motheux; la sixième, de trois cents hommes, par M. de Chaulieu. En tout mille huit cent quatre-vingts hommes, commandés par six capitaines de vaisseau. Les septième et huitième brigades étaient sous les ordres généraux de M. de Combes, commissaire général de l'artillerie, et commandées par M. de Gratien et le comte de Bruyères, capitaines de vaisseau ; elles ne comptaient que trois cent quatre-vingts canonniers, tous chefs de pièce, et étaient chargées de la défense des bastions. Les officiers en sous-ordre de ces deux brigades étaient MM. Isnardon, capitaine de frégate; de Feuillans, lieutenant de vaisseau, et de la Balme, lieutenant de galiote (1). La neuvième brigade était commandée par M. de Ponteau, capitaine de vaisseau, et ne comptait pas moins de six cents hommes. Enfin, les dixième, onzième et douzième, formées chacune de trois cents hommes, sous les ordres de MM. de Grancey, de Boulainvillier et de Vateau, capitaines de vaisseau, furent incorporées à la garnison comme bataillons de marche. En réalité, la marine disposait de quatre mille hommes environ, parmi lesquels cinq cents canonniers au moins pour le service de l'artillerie de la place.

Mais si la ville ne comptait en tout, pour une ligne très étendue de défense, que six mille hommes, les ressources en artillerie étaient formidables. Du fait du désarmement des vaisseaux et des approvisionnements en bouches à feu et en projectiles qui existaient dans l'arsenal, on disposait pour le service des remparts de deux cent quarante-deux canons, de treize mortiers, de vingt-deux mille quatre cents boulets et de deux mille neuf cents bombes. Il y

(1) Ces deux brigades souffrirent beaucoup du feu de l'ennemi. M. de Gratien mourut pendant le siège des suites de ses blessures.

avait, en outre, en batterie sur les plates-formes des deux darses et au camp de Sainte-Anne, cent soixante-dix canons et sept mortiers. Enfin, la Grosse-Tour, les forts de Balaguier, l'Eguillète, Saint-Louis et Sainte-Marguerite, étaient armés en tout de cinquante-deux canons et de trois mortiers.

Le maréchal, en quittant Toulon, le 11 juillet, pour aller rejoindre ses troupes dans les Hautes-Alpes, avait laissé les ordres les plus formels pour poursuivre les travaux commencés et en entreprendre de nouveaux. Il avait, entr'autres, prescrit l'achèvement d'un camp retranché au nord de la ville, que M. de Langeron avait, le premier, proposé et qui semble avoir été abandonné après avoir reçu un commencement d'exécution (1). Il s'étendait sur les terrains dits de Sainte-Anne, par une ligne de retranchements commençant en avant de la demi-lune de la porte Royale, montant jusqu'aux premières rampes de Faron, pour venir aboutir au bastion de Sainte-Ursule. C'est ce camp de Sainte-Anne, destiné à couvrir la ville et à recevoir les troupes qui étaient en marche sur Toulon, que nous avons vu encore jusqu'en 1855, où il a été englobé dans la nouvelle enceinte fortifiée de la ville agrandie. Il occupait ce vaste espace de terrain délimité aujourd'hui par le boulevard de Strasbourg au sud ; la ligne des fortifications, de la porte Sainte-Anne à la porte de France, au nord ; l'avenue Lazare Carnot, à l'ouest, et la rue d'Antrechaus, à l'est, et

(1) Au roi. Aix, 12 juillet 1707 :
« J'ay fait travailler au camp retranché que M. de Langeron a commencé et que j'ay ordonné de continuer. »
Au ministre. Aix, 12 juillet 1707 :
« J'ay fait reprendre le camp retranché que M. de Langeron avoit projeté. » *Correspondance du maréchal de Tessé.*

renferme la plus grande partie des quartiers neufs de la ville, la place de la Liberté, la gare du chemin de fer, la direction d'artillerie, l'hospice civil et le jardin public.

Le maréchal partit d'Aix dans la nuit du 12 juillet pour se rendre à Sisteron, à la rencontre de vingt-neuf bataillons qui arrivaient par la vallée de Barcelonnette et Tallard. Ces troupes étaient sous les ordres de M. de Goësbrian et formaient deux corps, commandés, le premier, par M. de Raffetot, et le deuxième, par M. Destouches. Le comte de Dillon les suivait avec les bataillons qui occupaient antérieurement le Queiras et les rejoignit peu de temps après (1). M. de Tessé écrivait le 14 juillet au roi, de Sisteron : « Tout » ce qu'il y a présentement à souhaiter, c'est que je puisse » faire arriver à Toulon les troupes que j'y destine avant » que les ennemys, par des marches précipitées, ne m'ayent » devancé, et si rien de fâcheux n'arrive avant le 25, j'ay » l'espérance que nous sauverons Toulon. » Le maréchal ignorait encore que l'armée des alliés avait passé le Var le 11, et, qu'en arrivant le 25 seulement, il aurait trouvé la ville investie déjà et peut-être même au pouvoir du duc de Savoie, quatorze jours étant plus que suffisants à celui-ci pour franchir la faible distance de trente lieues environ de route royale, en plaine, qui séparaient la frontière de Toulon.

Au cours de ces événements, le duc de Savoie et le prince Eugène étaient entrés sur le territoire du comté de Nice. Ils avaient une armée forte de quarante mille hommes,

(1) Le maréchal de Tessé avait laissé le comte de Médavy en Savoie avec vingt bataillons, trois régiments de dragons et quatre de cavalerie. Avant la fin du mois de juillet il lui écrivit de venir le rejoindre en Provence avec tout ce qu'il pourrait emmener de troupes.

dont huit mille de cavalerie (1). Les contingents austro-allemands étaient sous les ordres des princes de Wurtemberg, de Darmstadt, de Saxe-Gotha, de Hesse-Cassel, d'Analt, etc. M. de Paratte, qui commandait les troupes d'occupation du comté de Nice, composées de quatre bataillons seulement, se retira prudemment sur Toulon, ainsi qu'il en avait reçu l'ordre (2). L'avant-garde de l'armée des alliés arriva le 9 juillet sur les bords du Var, où le gros des forces parut le lendemain. En même temps, la flotte anglaise, composée de cent voiles, dont cinquante-six vaisseaux ou frégates, mouillait à l'embouchure du fleuve. Les troupes se reposèrent pendant la journée du 10, pour laisser aux ingénieurs le temps d'étudier les gués et préparer les ponts pour le passage de l'artillerie. La rive droite était occupée par M. de Sailly, avec sept bataillons d'infanterie, deux régiments de cavalerie et un de dragons. Quelques compagnies des milices des environs, ayant à leur tête des gentilshommes de la contrée, étaient venues

(1) « Les ennemys ont 70 bataillons, parmy lesquels 15 seulement de » M. de Savoye ; les autres de l'empereur et 8,000 prussiens. Leur cava- » lerie et dragons est de 7 à 8,000 chevaux. » *Le maréchal de Tessé au ministre de la guerre.* Aix, 31 juillet 1707.

Le marquis de Quincy, dans son *Histoire de Louis le Grand*, publiée en 1718, dit que l'armée d'invasion comprenait soixante-seize bataillons et trente-huit escadrons, ce qui, en mettant les bataillons à quatre cent cinquante hommes et les escadrons à cent vingt, aurait donné un effectif d'environ trente-neuf mille hommes. D'après cet auteur, il y avait vingt-deux bataillons et huit escadrons de troupes de l'empereur ; douze bataillons et six escadrons de Savoie ; dix-huit bataillons et douze escadrons de Hesse ; douze bataillons et six escadrons du Palatinat ; douze bataillons et huit escadrons de Brandebourg.

(2) « J'ay mandé à M. de Paratte qu'il falloit préférer la conservation » de la Provence à celle du comté de Nice et qu'il se prit bien garde » de laisser enfermer ses bataillons entre Nice et le Var. » *Lettre du maréchal au ministre de la guerre.*

les rejoindre ; mais ce n'était pas avec ces faibles moyens que le jeune capitaine pouvait défendre, comme il paraît l'avoir espéré, la frontière du Var contre une armée nombreuse (1). Le lendemain, 11, M. de Sailly, pris entre les canons de deux frégates qui s'étaient embossées près de terre et un corps ennemi qui avait passé le Var en amont, opéra sa retraite. Il renvoya les milices dans leurs communes, jeta deux bataillons dans Antibes et prit la route de Toulon, où il arriva le 20 juillet.

En entrant dans la place, M. de Sailly se rendit auprès de M. de Chalmazel : « Vous aurés ici dans trois jours, lui » dit-il, vingt-cinq bataillons et le même jour le prince » Eugène paroîtra devant Toulon. Il y aura des affaires » pour tout le monde, mon cher gouverneur, et je vous » amène cinq bataillons, deux régiments de chevaux et un » de dragons, de fort bonnes troupes (2) ». M. de Saint-Paters, sur le même avis que lui donna M. de Sailly, fit appeler auprès de lui les officiers qui commandaient les cinq tours ou forts de la rade et de la côte, lesquels étaient : le sieur Joly, major, commandant la Grosse-Tour ; le sieur Roquebrune, capitaine, commandant la tour de Balaguier ; le sieur Cotron, capitaine, commandant le fort de l'Eguillète ; le sieur Daillon, capitaine au régiment Vexin, commandant le fort Saint-Louis, et enfin le sieur de Grenonville, capitaine de frégate, commandant le château

(1) « ..... Aspirer à garder le Var, comme M. de Sailly semble le » projeter, c'est une vision, et il faudroit y être avec quarante bataillons » et y avoir travaillé un moys, encore n'y tiendroit-on pas contre une » véritable tête d'armée. Je luy ai mandé de se replier sur Toulon à » mesure qu'il sera obligé de perdre du terrain et de prendre bien garde » de se laisser couper. » *Le maréchal de Tessé au roi*. Aix, 12 juillet.

(2) *Journal du siège*.

Sainte-Marguerite (1). Il leur recommanda de tenir jusqu'à la dernière extrémité et de n'abandonner leur poste que lorsque il y aurait une brèche considérable, « ce qu'ils ne » devoient faire qu'après avoir encloué leurs canons et » leurs mortiers, les avoir jetés à la mer et fait sauter les » poudres. » La marine, de son côté, fit ses derniers préparatifs de défense. M. de Langeron fit armer les deux vaisseaux le *Tonnant* et le *Saint-Philippe*. Le premier fut remorqué vis-à-vis les cales actuelles du Mourillon, d'où il battait la plaine, depuis la chapelle Sainte-Catherine jusqu'à la hauteur de la Malgue ; le second fut mouillé devant le rivage de Missiessy, d'où il balayait de ses boulets la plaine de Saint-Roch. En même temps, on achevait dans la ville la démolition jusqu'au premier étage des couvents des Bernardines, sur la place de la porte Saint-Lazare, et des Minimes, adossé au bastion Saint-Jean, et, en dehors de l'enceinte fortifiée, la destruction totale du couvent des Pères de la Merci et des *bastides* en grand nombre qui couvraient le territoire. Par exception, M. de Saint-Paters ordonna de respecter la maison dite du Jardin du Roi, hors les murs, dans laquelle il avait pris son logement et établi son quartier général, ainsi que l'asile des vieillards dénommé la Charité, qui fut transformé peu de jours après en hôpital des blessés. Ces deux immeubles se trouvaient, du reste, renfermés dans les lignes de fortifications du camp de Sainte-Anne.

(1) Ces cinq « gouverneurs des tours et forts » avaient sous leurs ordres, pour le service de l'artillerie, des matelots canonniers commandés par des officiers de marine : A la Grosse-Tour, MM. Martiny et Monnier, lieutenants de frégate ; à Balaguier, M. d'Héricourt, enseigne de vaisseau ; à l'Eguillète, M. ***, enseigne de vaisseau ; au fort Saint-Louis, M. Cauvières, lieutenant de frégate. Le château Sainte-Marguerite étant du ressort de la marine, avait une garnison composée exclusivement de marins, matelots, gardes-côtes et canonniers.

Le 11 juillet, l'armée des coalisés avait passé le Var : le comte de Breiner, avec cinq mille grenadiers, près de son embouchure, la cavalerie légère et les dragons à une heure en amont; le prince Eugène, avec une colonne de huit mille hommes, à la hauteur de Broc ; l'artillerie, les équipages d'approvisionnements et le reste des troupes sur deux ponts volants jetés, l'un en face de Saint-Laurent, l'autre entre Gattières et Carros. Le duc de Savoie coucha à Saint-Laurent et en repartit le 15 seulement, en passant par Cagnes et Biot, où il arriva le soir et campa. Il expédia de ce point, comme il le fit constamment au cours de sa marche du Var à Toulon, des détachements de cavaliers dans les villes et communautés des environs ou situées sur sa route, porteurs d'ordres signés Fontana, intendant général de l'armée, par lesquels il était enjoint aux consuls, sous peine d'exécution militaire, d'envoyer des délégués à sa rencontre pour recevoir ses commandements et connaître la nature et la quotité des contributions qu'ils auraient à fournir. Du reste, ces ordres portaient que S. A. R. n'était pas venue en Provence pour causer « du dommage » aux habitants, que ce n'était pas à eux qu'il en voulait, et qu'au contraire il voulait les « soulager » de la capitation et abolir les impôts dont ils étaient surchargés. L'avant-garde arriva le 16 à Cannes, et comme la route royale suivait le bord de la mer, elle eut à essuyer le feu du château de l'île Sainte-Marguerite, commandé par le capitaine de Lamothe-Guérin. Le duc, instruit de cet événement, donna l'ordre à ses têtes de colonnes de rebrousser chemin, et l'armée gagna Vallauris, pour déboucher au delà de Cannes par le col de Saint-Antoine. Le passage de la forêt de l'Estérel fut pénible, par l'extrême chaleur et le manque d'eau. L'armée arriva le 18 et le 19 à Fréjus, où elle campa, et n'en repartit que le 21. Il y avait là bien du temps perdu, moins peut-être par la faute du duc que par la nécessité où on se trouvait de combiner les mouvements de l'armée avec ceux de la flotte. Le même jour, 21 juillet, les troupes françaises avaient quitté Tavernes et sauvaient Toulon par la rapidité d'une marche audacieuse accomplie à travers les montagnes.

Pendant que le duc de Savoie s'avançait lentement vers Toulon, qu'il croyait surprendre désarmé et qu'il savait n'avoir que des fortifications ruinées (1), on travaillait dans la place avec une ardeur nouvelle à l'achèvement du camp retranché de Sainte-Anne et à garnir les bastions de canons. M. de Grignan avait quitté Toulon le 18 juillet, se rendant à Marseille avec le chevalier Bernard, lieutenant-colonel de cavalerie et Provençal d'origine, arrivé la veille d'une mission dont il l'avait chargé, et qui consistait, comme il nous le dit lui-même dans ses *Notes*, « à reconnoître les » routes, chemins et passages qui menoient de Riez à » Toulon (2) ». En arrivant à Aubagne, le gouverneur rencontra le marquis de Broglie, envoyé vers lui pour lui faire connaître la marche des troupes de Sisteron à Toulon. La route arrêtée par le maréchal était celle de Sisteron à Valensole, en descendant la rive gauche de la Durance, de Valensole à Riez, d'où on prendrait ensuite par Barjols, Brignoles, Cuers, Solliès et Toulon. Le comte de Grignan, tout en reconnaissant que c'était là réellement la route militaire la

(1) « M. le duc de Savoye en étoit très instruit par un de ses principaux » ingénieurs, qui s'étoit glissé dans la ville sept ou huit moys avant » qu'elle fut attaquée et qui en avait remarqué tous les défauts. » *Journal du siège de Toulon.*

(2) *Notes sur le siège de Toulon, en 1707.* Manuscrit du chevalier Bernard.

mieux indiquée, objecta qu'elle présentait l'inconvénient grave d'exposer l'armée à une rencontre avec l'ennemi dans le voisinage de Brignoles et de Cuers. M. de Broglie en convint et dit qu'on avait bien eu quelques soupçons de cet inconvénient et que, pour l'éviter, on avait étudié une marche de Riez sur Saint-Maximin, Saint-Zacharie, Roquevaire, le Beausset et Ollioules. M. de Grignan répondit qu'il était vrai qu'avec cet itinéraire on évitait incontestablement la rencontre des forces alliées, mais que, vu la longueur de la route, on courait grand risque de n'arriver sous Toulon qu'après les ennemis, l'armée ne pouvant être rendue que le 25 ou le 26, en faisant toutefois grande diligence. Alors, comme M. de Broglie faisait remarquer qu'il fallait cependant bien se décider à suivre l'une ou l'autre de ces deux routes, le comte de Grignan répliqua qu'il y en avait une troisième, plus difficile certainement, mais plus courte et exempte de tout danger de rencontre avec les ennemis. Il mit alors sous les yeux du marquis de Broglie le tracé topographique d'une marche à effectuer en tirant droit de Riez à Tavernes et de là sur la Roquebrussane, Méounes et la chartreuse de Montrieux. Parvenu à Montrieux, on devait franchir le massif montagneux qui sépare la chartreuse de Toulon, en suivant les sentiers, où les gens du pays guideraient les troupes, coupant, le plus souvent, à travers les hauts plateaux pour ne pas dévier de la ligne droite, et venir déboucher par les bois d'Orvès et du Revest dans la vallée de Dardennes. M. de Broglie convint que cette marche était faisable pour l'infanterie, ce qui était l'essentiel ; alors M. de Grignan lui remettant la carte lui dit : « Dites bien » au maréchal de ma part que je le conjure, au nom de la » conservation de la province, de ratifier la marche que » je lui ai tracée, et nonobstant les difficultés du chemin

» il faut qu'il fasse si bien que les bataillons arrivent à » Toulon le 22. » Le même jour, M. de Grignan envoya des exprès à cheval porter l'ordre à toutes les communautés et hameaux qui se trouvaient sur le passage de l'armée, de lui fournir tout ce qui lui serait nécessaire en vivres, rafraîchissements, guides, bêtes de somme, etc. ; ce qui fut exécuté.

Le marquis de Broglie et le chevalier Bernard quittèrent Aubagne ; le premier allait à la rencontre du maréchal de Tessé, le second devait s'arrêter à Riez pour y attendre les sept bataillons formant l'avant-garde sous les ordres de M. de Goësbrian. Le marquis de Broglie trouva le maréchal à Valensole, M. de Goësbrian étant déjà en avant sur la route de Riez. Le maréchal le rappela en toute hâte pendant que sa brigade camperait sur la grande route en attendant son retour. On tint un conseil de guerre sur la place de l'église de Valensole, à l'ombre d'un ormeau. A l'unanimité, le conseil adopta la marche indiquée par M. de Grignan. M. de Goësbrian, étant reparti pour rejoindre ses troupes, rencontra le chevalier Bernard revenant de Riez, auquel il fit part de la décision prise. Celui-ci prit les devants de toute la vitesse de son cheval et se dirigea sur Tavernes pour y faire préparer des vivres pour la soirée du 20 juillet.

Il est nécessaire de se rendre un compte exact de l'importance extrême de la marche que le comte de Grignan venait de tracer à l'armée de secours et qui devait lui faire gagner trois jours sur celle adoptée par le maréchal. Toulon, malgré sa puissante artillerie, était fatalement destiné à succomber si les ennemis paraissaient les premiers devant ses portes et en fermaient les avenues. Le sort du principal port de guerre sur la Méditerranée était devenu l'enjeu d'une marche militaire entre le maréchal de Tessé et le duc de Savoie; il ne s'agissait plus de jours mais d'heures presque pour savoir à qui appartiendrait notre grand chantier maritime. L'avantage de la France dans cette lutte de vitesse vers un objectif commun était qu'elle en calculait toutes les chances, tandis que les coalisés, persuadés que les troupes de secours descendaient encore les pentes des Alpes, semblaient ignorer le prix du temps. Le 20 juillet, l'armée française, ayant déjà fourni une route longue et difficile, entrait à Tavernes à neuf heures du soir; elle avait encore à faire avant d'arriver à Toulon, quatorze lieues de pays à vol d'oiseau, à travers des régions accidentées, coupées de montagnes et de ravins, tandis que l'armée des coalisés, entièrement reposée, ayant mis sept jours pour franchir la faible distance qui sépare le Var de Fréjus, avait moins de vingt lieues à parcourir, sur une route royale tracée dans une plaine riante et fertile.

Le 20 juillet, à la nuit close, le lieutenant général de Goësbrian entrait à Tavernes. Il y trouva le chevalier Bernard qui l'attendait pour guider sa marche. Les troupes se reposèrent pendant quelques heures et partirent par une nuit toute scintillante d'étoiles. De Tavernes à la Roquebrussane, les sept bataillons d'avant-garde fournirent des marches accablantes par les difficultés des chemins et la chaleur, qui était excessive. Les paysans des contrées qu'ils traversèrent se faisaient un point d'honneur de fournir aux officiers et soldats des vivres et des bêtes de somme pour porter certains bagages. A la Roquebrussane, les consuls et les habitants les accueillirent avec le plus vif enthousiasme et leur distribuèrent d'abondants approvisionnements en pain, en vin et en viandes rôties. Ils arrivèrent à Méounes le 22. De Méounes à la chartreuse de Montrieux et de celle-ci au Revest, la marche fut très pénible. Les soldats, suivant l'exemple que leur donnaient leurs chefs, souffrant de la soif, succombant sous un soleil de plomb, montrèrent une constance remarquable et qui ne se démentit pas un seul instant. La journée leur suffit pour franchir ce désert montagneux, coupé de ravins et hérissé de sommets abruptes, à travers lequel ils furent guidés par quelques charbonniers, seuls habitants de ces solitudes. Le soleil déclinait et allait disparaître à l'horizon, quand les premiers bataillons contournèrent le pic de Caoumi et apparurent sur les hauteurs du Revest. Dès qu'on apprit à Toulon que l'avant-garde des troupes de secours descendait dans la vallée de Dardennes, il y eut parmi les habitants, les soldats et les marins une explosion de joie patriotique, et la confiance revint au cœur des plus timorés. M. de Saint-Paters et M. de Chalmazel montèrent à cheval et, suivis d'une grande foule de peuple, se portèrent à la rencontre de M. de Goësbrian et de ses troupes, qui campèrent dans les prairies de Saint-Antoine, à quelques kilomètres de la ville. Le lendemain, 23 juillet, neuf bataillons arrivèrent à leur tour et s'établirent dans le camp retranché de Sainte-Anne. Enfin deux jours après, le 25, les treize derniers bataillons attendus apparurent au Revest. En tout vingt-neuf bataillons qui, avec les deux bataillons arrivés de Nice, les cinq amenés par M. de Sailly, les dix compagnies de la garnison et le contingent de marins incorporé dans les troupes de marche, formaient un effectif de quarante bataillons (1), soit, à 450 hommes par bataillon, 18,000

(1) « Il y avoit en ce moment à Toulon quarante bataillons, dont les » derniers arrivés le 25. » *Réflexions sur le projet des ennemys au sujet de l'entreprise de Toulon*, par M. La Blottière. Manuscrit à la date du 23 août 1707, aux *Archives de la direction du génie de Toulon*.

hommes. Si, à ce chiffre de 18,000 hommes, on ajoute les équipages des deux vaisseaux armés et les chefs de pièces et servants de la marine attachés à l'artillerie des bastions et batteries, on verra que le chiffre des défenseurs de la place ne dépassait pas 21,000 hommes.

Pendant que les troupes françaises exécutaient leur marche hardie à travers les montagnes, le duc de Savoie quittait Fréjus le 21 juillet et venait coucher le 22 au Luc. La route suivie était bordée de nombreux bourgs et communes rurales que les coalisés pillèrent et rançonnèrent sans pitié. Non-seulement le duc ne prit aucune mesure pour empêcher ces excès, mais il sembla même les autoriser par ses ordres généraux. « M. de Savoye, » écrivait le 26 juillet le maréchal de Tessé, donne ses » ordres, se fait prêter serment par les populations et se » fait pourvoir de vivres. Tout fuit et se soumet ; ce n'est » point qu'ils soient infidèles dans le cœur ; mais ils se » soumettent et donnent leurs greniers pour ne point » donner leur argent. » Le 23, le duc arriva à Pignans, où il apprit l'entrée des premiers bataillons de secours dans Toulon, il refusa d'abord d'ajouter foi à cette nouvelle. Il croyait avoir au moins cinq jours d'avance sur M. de Goësbrian : « Une marche si extraordinaire, dit une *Relation* » italienne du temps, ne lui semblait pas possible ; il ne » concevait pas comment la brigade de Goësbrian pouvait » être à Toulon, et comprenait moins encore par où elle » avait passé, puisque la cavalerie palatine et les hussards » de Brandebourg avaient constamment éclairé la route(1). »

M. La Blottière, que j'aurai l'occasion de citer souvent, était directeur du génie de la place pendant le siège.

(1) *Relation de la campagne du duc de Savoie en Provence*. Turin, 1707.

Lorsqu'il sut que c'était M. de Grignan qui avait indiqué au maréchal la marche qui avait été si rapidement accomplie, il ne put s'empêcher de dire au prince Eugène : « Ce vieux Grignan ! c'est encore lui ! il m'a primé de la main ! (1) »

Les secours entrés à Toulon changeaient l'état des affaires. Le duc résolut de passer la journée du 24 juillet à Pignans et d'y réunir un conseil de guerre. Seize princes des Etats d'Allemagne, de la Prusse, du Palatinat et de la Savoie, quatre ministres des puissances coalisées, qui suivaient l'armée, plusieurs généraux et l'amiral Showel, qu'on avait fait venir de la rade des îles d'Hyères, où il était arrivé la veille, y assistèrent (2). On y débattit longuement le parti qu'il y avait à prendre. Si on en croit les *Relations* italiennes, le prince Eugène, appuyé par le prince de Hesse et le duc de Wurtemberg, aurait dit qu'il ne

(1) « M. le duc de Savoye avoit la persuasion d'arriver à Toulon avant » les troupes du roy. Lorsqu'on lui dit, le 23 juillet, à Pignans, qu'il » avoit été primé, il ne pouvoit croire que cela fut exact, car il sçavoit » l'époque précise à laquelle l'armée du Dauphiné s'étoit mise en marche, » et d'après ses calculs elle ne pouvoit être encore arrivée. Il est vrai » que Monseigneur calculoit sur les routes ordinaires, mais quand il » apprit qu'on en avoit suivi une autre jusqu'alors inconnue et que c'étoit » M. le comte de Grignan qui l'avoit ordonnée, il dit au prince Eugène : « Ce vieux Grignan ! c'est encore lui ; il m'a gagné de la main. » On a » aussi des témoignages de sa surprise dans une espèce de journal de la » campagne, qui se trouva dans les papiers d'un prisonnier fait à Saint-» Tropez. » *Relation du siège de Toulon, par* Ferrand, *deuxième consul.* Manuscrit aux *Archives communales.*

(2) La flotte, après avoir fait quelques démonstrations sur la côte, du côté de Bormes et au cap Benat, avait mouillé le 23, à l'entrée de la nuit, sur rade des îles d'Hyères. La ville fit sa soumission, et, le 26 juillet, les Anglais occupèrent Porquerolles et Port-Cros. Ces îles avaient trois forts armés de canons, mais il ne s'y trouvait pas un seul soldat pour les défendre. L'amiral Showel nomma un de ses officiers gouverneur de Porquerolles et y fit élever des baraquements pour ses malades.

s'agissait plus en ce moment de surprendre Toulon dégarni de troupes, mais de combattre une armée retranchée dans ses dehors et sur les hauteurs et soutenue d'un nombre infini de canons ; et il aurait proposé « de se retirer honorablement sans rien risquer ». Cet avis n'aurait pas été partagé par le duc de Saxe-Gotha et l'amiral Showel, et la discussion aurait été close par le duc de Savoie sur cette déclaration : « L'entreprise sera continuée et nous prenons sur notre compte tout ce qui pourra arriver. Nous connaissons seuls des choses que nous ne pouvons dire à personne. Au reste, nous sommes pleinement informé de tout ce qui se passe. Nous ne sommes pas venu ici pour ne rien faire. Nous savons la guerre, notre savoir et la fortune nous serviront de guides. » Ces derniers mots tranchèrent la question et la séance fut levée. Le soir, trois fusées tirées sur la crête de la haute montagne des Anges donnèrent le signal convenu à la flotte, qui se rapprocha de l'embouchure du Gapeau et commença cette même nuit à débarquer le matériel de siège.

Le 24, cinq cents hussards hongrois envoyés en avant, comme éclaireurs, entrèrent à Cuers et vinrent coucher à Solliès. Pendant toute cette journée ils se répandirent en troupes disséminées au loin dans la campagne, où il n'y eut pas une maison qui fût à l'abri de leur brigandage. Les paysans de Pierrefeu et des lieux circonvoisins croyant les bois des Maures inaccessibles, y avaient conduit tous leurs bestiaux pour les mettre en sûreté ; mais ils furent trompés dans leur attente et des détachements de cavaliers ayant fouillé la forêt, tous leurs bœufs, mulets, chèvres et moutons leur furent enlevés. Le lendemain 25, les hussards parurent à La Valette, commune située à cinq kilomètres seulement de Toulon, suivis de près par l'avant-garde de l'armée. Le plus grand nombre des habitants s'étaient enfuis sur les hauteurs de Touris et jusqu'au sommet de Coudon ; les envahisseurs mirent le bourg à sac, et, ayant trouvé d'abondantes provisions de vin, commirent dans les égarements d'une grossière ivresse les plus déplorables excès. Le seigneur du lieu, François de Thomas de la Valette, vieillard octogénaire, qui avait ses fils et petits-fils parmi les défenseurs de Toulon, fut insulté dans son château et peu s'en fallut qu'un officier ivre ne le tuât de son épée. Le lendemain, 26, le duc de Savoie arriva avec ses équipages. Il avait mis quinze jours pour se rendre du Var à Toulon, sans avoir été inquiété dans sa marche, sans avoir eu une place à prendre ou un combat à livrer. Il établit son quartier général à La Valette même et prit son logement au château seigneurial, qui y était attenant. Le prince Eugène prit le sien à la maison de campagne d'un sieur Baudouvin, grande et belle habitation située au fond de la riante vallée qui s'étend du bourg aux premiers contreforts de Coudon, et qui existe encore dans ses dimensions primitives. Les princes et autres grands personnages de l'armée se logèrent au couvent des Minimes, qui leur offrait de vastes locaux et de nombreuses dépendances pour leurs suites.

Les 27 et 28 juillet, l'armée entière rejoignit le quartier général. Les contingents austro-allemands campèrent en avant de La Valette, sur une ligne courant nord et sud, depuis la route de communication avec Toulon jusqu'à la mer, à une colline dite à cette époque de Pomezan, qui ferme, dans l'est, le port Méjan, passant par le pont de Suve et traversant les quartiers ruraux actuels du Tombadou, de Brunet et autres. Ils élevèrent sur le front de leur campement des retranchements, sans doute d'une médiocre valeur défensive, qui sont indiqués sous le titre de *retranchement der allirten*, retranchement des alliés, dans un plan du siège de Toulon publié à Francfort à la fin de l'année 1707 (1). Les troupes du duc de Savoie dressèrent leurs tentes entre le bourg et la haute colline du Touar, qui sépare le territoire de La Valette de celui de La Garde. Les ennemis occupaient une plaine fertile, complantée de vignes et d'arbres fruitiers, et couverte de maisons de campagne dans lesquelles s'établirent les officiers de l'armée.

Le 25 juillet, pendant que le duc de Savoie arrivait à Solliès, le maréchal de Tessé entrait à Toulon, d'où il repartait le soir même pour Aix, dans le but d'arrêter, d'accord avec M. de Grignan et les autorités provinciales, les derniers ordres à donner relativement à la défense du pays (2). Pendant son court séjour à Toulon, il présida un conseil de guerre, qui décida qu'il serait fait des redans devant les lignes de fortifications du camp retranché de Sainte-Anne, et visita les travaux achevés ou en cours d'exécution. Il écrivait le lendemain d'Aix au roi : « J'arrivay ce matin icy

(1) *Toulon mit der attaque, in A*[nno] *1707.*

On a utilisé ce plan dans celui qui est joint à ce travail pour déterminer les lignes et positions occupées par les assiégeants.

(2) Dans l'ignorance où on était des projets ultérieurs du duc de Savoie, quel que fût le résultat de sa tentative sur Toulon, le maréchal inclinait à former un camp au confluent de la Durance et du Rhône, « à quoy les » idées de la cour avoient assez de conformité ». Il voulait, en attendant, y envoyer les troupes parties les dernières du Dauphiné, sous les ordres de M. de Médavy, et qui étaient encore en route pour se rendre à Aix. M. de Grignan insista pour qu'elles marchassent sur Toulon. Il finit par l'emporter et il fut décidé qu'à leur arrivée, l'infanterie et quelques dragons seraient dirigés sur Toulon, tandis que M. de Médavy, avec un régiment d'infanterie et presque toute la cavalerie, se porterait du côté de Brignoles et de Saint-Maximin, pour serrer les flancs de l'ennemi et l'empêcher de se répandre.

» de Toulon, où Votre Majesté peut être certaine qu'il y a » quarante bataillons, plus de quinze cents officiers, de la » poudre, des balles et du canon plus que suffisamment. » Vos troupes ont fait une diligence incroyable, et si quelque » chose peut sauver Toulon et votre marine, c'est d'avoyr » prévenu l'arrivée de vos ennemys, dont la tête paraissoit » hier matin à Cuers, quand j'achevois de visiter le camp » retranché..... »

Dès leur arrivée sous Toulon, les ennemis avaient ouvert les hostilités. Le 26, quatre cents grenadiers allemands, appuyés d'une compagnie piémontaise, gagnèrent le sommet le plus élevé de la montagne de Faron, dit la Croix de Faron, par son revers est, qui descend en pentes adoucies jusqu'au bourg de la Valette, et s'y établirent. M. de Goësbrian ordonna au brigadier de Guerchois d'aller chasser l'ennemi de ses positions. On ne sait pas bien ce qui se passa dans cette affaire. Les *Relations* du temps en font à peine mention et semblent ne lui accorder qu'une importance fort médiocre. Le *Journal du siège* se contente de dire : « M. de Guerchois, » brigadier et colonel du régiment de la Vieille Marine, » s'étant avancé sur la montagne avec six compagnies de » grenadiers, il lui fut impossible de rien entreprendre, » parce que les ennemys avoient déjà gagné le sommet. » Il y a là comme une vague indication d'un insuccès qu'on n'ose avouer. La vérité est que M. de Guerchois envoyé, on ne sait pas pourquoi, pour débusquer les ennemis d'un poste que nous n'avions jamais occupé et qu'on ne voulut jamais occuper plus tard, lorsqu'on s'en fut rendu maître, échoua complètement et paraît avoir été ramené assez vivement jusque dans le vallon de Donnamorte, qui aboutit au revers est de la hauteur d'Artigues, où il rencontra la tête des retranchements de Sainte-Catherine. A la suite d'une affaire plus importante et plus grave, dans laquelle M. de Guerchois se trouva de nouveau malheureusement engagé et que je dirai tout à l'heure, le maréchal de Tessé rappelant l'échec de Faron, écrivait au roi : « Son premier » malheur de la Croix de Faron vint de la volonté qu'il eut » (M. de Guerchois) de se porter dans les bas où on tiroit » et, pendant qu'il cherchoit les coups de mousquet, les » hauteurs plièrent et le pauvre garçon ne les put regagner. » On pourrait inférer de cette phrase assez obscure que les alliés, voyant leur détachement de Faron attaqué, auraient envoyé des renforts à son secours, et que M. de Guerchois étant allé à leur rencontre au bas de la montagne, les compagnies qu'il avait laissées aux prises avec l'ennemi auraient lâché pied, ce qui le força à battre en retraite.

Le lendemain de cette affaire, 27 juillet, dans la matinée, on aperçut de la ville un groupe assez nombreux d'officiers qui parcouraient les contreforts de la Croix de Faron. Avant midi ils descendirent à la Valette et on apprit le soir, par des déserteurs, que c'étaient le duc de Savoie, le prince Eugène et plusieurs autres grands personnages, accompagnés des ingénieurs de l'armée, qui étaient venus relever les travaux récents exécutés autour de la place.

Ce même jour, à Toulon, M. de Saint-Paters fit faire une publication cruelle en certains articles pour les habitants. Il ordonnait à tous les vieillards pauvres ou infirmes de sortir de la ville comme bouches inutiles (1) ; aux habitants, de se pourvoir de trois mois de vivres; aux consuls, de

(1) « Mgr de Chalucet trouva cet ordre si inhumain, qu'il se transporta » chez M. de Saint-Paters et luy dit : que les pauvres n'étoient pas des » bouches inutiles, qu'il les nourriroit et qu'ainsy on pouvoit les laisser » dans la ville puisqu'ils n'y seroient pas à charge. » Lettre de M. l'abbé Viany, dans l'*Histoire du siège de Toulon*, par Devize, page 294.

mettre à la disposition des troupes tous les approvisionnements qu'ils avaient en blé, farine et bestiaux. Cette ordonnance répandit la désolation dans la population et fut cause que beaucoup de familles, qui ne vivaient qu'au jour le jour de leur industrie, sortirent de Toulon et allèrent traîner leur misère dans les villages voisins. M. de Saint-Paters eut même un moment l'idée de faire jeter à la mer toutes les huiles que possédaient les marchands comme denrée et les particuliers comme provisions, pour éviter les incendies ; mais le deuxième consul Ferrand fut assez heureux pour le détourner de donner cet ordre. Néanmoins, il maintint celui qui prescrivait aux consuls de faire dépaver les rues, d'entretenir des tonneaux pleins d'eau sur les places et voies publiques, d'avoir toujours sur pied des escouades de maçons et de charpentiers pour éteindre les incendies, d'avoir jour et nuit des corvées d'hommes pour porter de l'eau, du vin, de l'eau-de-vie et des vivres aux soldats de service aux ouvrages avancés, de réunir une compagnie de cent infirmiers pour le transport des blessés, enfin de réquisitionner chez les habitants tous les draps de lit et matelas nécessaires pour les hôpitaux (1).

Le 28, on fit traîner de nouveaux canons au camp de Sainte-Anne, auquel on travaillait encore avec une grande activité : trois mille hommes de la campagne ou de la ville y étaient employés, ainsi que quatre cents femmes, qui charriaient de la terre dans des paniers.

Depuis que l'armée des coalisés était campée à La Valette, de nombreux déserteurs s'étaient présentés aux avant-postes ; le même jour, 28 juillet, il en arriva environ soixante. Ils furent unanimes à déclarer que l'armée manquait de

(1) *Relation du siège de Toulon*, par le consul FERRAND.

vivres et de canons, à cause des lenteurs du débarquement à Hyères, et que leurs chefs, qui avaient toujours cru entrer dans Toulon, comme dans une ville ouverte, étaient très désillusionnés et hésitants. « Après que ces déserteurs » avoient été présentés à M. de Chalmazel, dit l'auteur du » *Journal du siège*, je les passois en revue le soir pour leur » faire distribuer le pain, et le matin on leur donnoit à » chacun un écu. On payoit les armes à ceux qui en avoient » apporté : sçavoir, une pièce de trente sous pour le fusil » et de quinze sous pour l'épée, après quoy on leur remet- » toit une route et on les fesoit partir pour Marseille, où ils » trouvoient de nouveaux ordres. »

Le 29, à la pointe du jour, les alliés, au nombre de deux mille, parurent à Faron et descendirent les pentes rapides de la montagne, pour attaquer la tête des retranchements de Sainte-Catherine, à la hauteur d'Artigues. Ils étaient commandés par le prince de Saxe-Gotha et le général Zunjunden. Un autre corps de troupes, fort de trois mille hommes, sous les ordres du baron Rebeinber et du comte de Coningsek, se porta par les rampes basses de Faron, à travers le haut du quartier rural des Darboussèdes, sur la chapelle Sainte-Catherine. Vers huit heures du matin le feu commença sur les deux points à la fois. Le marquis de Broglie, qui commandait à Artigues, soutint l'attaque avec intrépidité. Les brigadiers de Villars, de Guerchois et de Tessé, ce dernier fils du maréchal, ne montrèrent pas moins de valeur à la chapelle Sainte-Catherine. A Artigues, les ennemis n'étaient séparés de nos postes que par une ravine et tentèrent de les emporter d'assaut ; ils furent repoussés et obligés de se mettre à l'abri dans les replis des terrains qui s'étendent à l'est. Pendant ce temps, ils n'étaient pas plus heureux dans leur attaque sur la chapelle, où les canons du bastion Saint-Bernard les foudroyaient. On combattit de si près, autour des retranchements de la chapelle, que plusieurs boulets de la place donnèrent dans nos rangs et tuèrent deux grenadiers. L'affaire était engagée depuis plus de deux heures, lorsque les marins traînèrent deux canons de six livres de balles à la chapelle Sainte-Catherine et quatre à Artigues. Leur feu détermina la retraite des ennemis. La journée ne nous avait coûté que deux capitaines et cinq soldats tués et une trentaine de blessés. On ne connut jamais les pertes des alliés, si ce n'est par les déserteurs, qui assurèrent qu'elles avaient été grandes. M. de Goësbrian avait passé tout le temps que dura l'action à cheval et au milieu des combattants, allant incessamment du plateau de la chapelle à la hauteur d'Artigues.

On avait cru, le 29, avoir une affaire générale et on avait pris des dispositions pour faire marcher les troupes campées à Sainte-Anne. La retraite des ennemis trompa l'attente de tout le monde et on pensa qu'ils renonçaient à s'emparer des retranchements de Sainte-Catherine. Il n'en fut point ainsi. Dès le lendemain, 30 juillet, ils renouvelèrent leurs attaques sur les mêmes points avec des forces supérieures et qui dépassaient six mille hommes. Le duc de Wurtemberg commandait la colonne dirigée sur Artigues, ayant avec elle quatre canons, qui furent mis en batterie derrière une *bastide* d'une dame Fournier la Garde, qui dominait le plateau, où M. de Polastron, brigadier, était de service ce jour-là avec six cents hommes. Le feu s'ouvrit à quatre heures du matin. On ne trouve nulle part des indications sur ce qui se passa, si ce n'est que M. de Polastron « sans coup tiré, » fit sauter ses poudres et battit en retraite sur la ville. Les ennemis se montrèrent alors sur la croupe d'Artigues, où ils s'emparèrent des quatre petites pièces qui y avaient été transportées la veille et se mirent à poursuivre nos grenadiers ; mais dès qu'ils furent à portée du canon de la place, ils furent arrêtés et obligés de rebrousser chemin. Les bastions de Sainte-Ursule et de Saint-Bernard, armés de grosses pièces de marine, envoyèrent même des boulets sur le plateau, ce qui obligea les ennemis à l'évacuer et à se mettre à l'abri dans le ravin qu'il surplombe à l'est. Une de ces pièces, en fer, éclata pendant le tir au bastion Sainte-Ursule, creva un œil à M. de Gratien, capitaine de vaisseau, blessa grièvement à l'épaule M. de Feuillans, lieutenant de vaisseau, et blessa ou tua douze canonniers (1).

En même temps que les ennemis s'emparaient de la hauteur d'Artigues, ils attaquaient le plateau de la chapelle Sainte-Catherine. Ils parvinrent à chasser devant eux les postes avancés et parurent même un moment à découvert autour de la chapelle ; mais à peine s'y furent-ils montrés que le canon de la place les força à se retirer derrière le rideau formé par l'exhaussement du terrain. Nos troupes profitèrent de ce mouvement de recul pour reprendre leurs positions, qu'elles conservèrent. Le feu cessa de part et d'autre vers midi. Artigues était, il est vrai, au pouvoir de l'ennemi, mais, en fait, n'était pas occupé par lui, et le retranchement qui le reliait à la chapelle, ainsi que ce plateau, étaient de nouveau en notre possession.

Dans l'après-midi, les ennemis n'ayant plus paru sur le plateau de la chapelle, on fit marcher une grand'garde qui

(1) « Ce canon n'a pas été le seul qui ait crevé ; il y en eut plusieurs » autres. C'est ce qui obligea le marquis de Langeron de faire remplacer » les canons en fer par ceux en fonte, que le vent contraire avait empê » ché de transporter à Arles. » *Journal du siège*.

l'occupa. Ce plateau, aujourd'hui presque entièrement dénudé, était à cette époque couvert d'un bois fort épais d'oliviers qui en dérobait la vue à nos bastions et au camp de Sainte-Anne. M. de Saint-Paters en ordonna la destruction. « Il fit voiturer sur les lieux deux chaloupées de » barils de goudron », et après qu'on en eut enduit suffisamment les troncs et branches principales, il y fit mettre le feu sur un grand nombre de points à la fois. En un temps très court l'embrasement fut général. « Les ennemys, » dit le *Journal du Siège*, surpris d'un tel spectacle, firent » semblant de s'avancer pour voir ce que c'étoit; mais » ayant apercu nos grenadiers prêts à les recevoir, ils n'osè» rent approcher. Le feu dura toute la nuit et tout le » lendemain. Ces oliviers étant très vieux, le tronc en étoit » énorme ; le plus petit avoit au moins deux pieds de » diamètre. »

Ces deux tentatives pour s'emparer de la hauteur d'Artigues et du plateau de Sainte-Catherine auraient dû indiquer aux chefs militaires de la place l'importance que l'ennemi mettait à en rester maître. On ne s'explique pas que le maréchal et M. de Saint-Paters n'aient pas fortifié, avec de l'artillerie, ces deux points, ainsi que la ligne de travaux qui les raccordait de manière à en faire des positions avancées imprenables sans un grand effort. Peut-être croyait-on que balayés comme ils l'étaient par le canon des bastions, surtout le plateau de la chapelle, les assiégeants ne pourraient jamais s'y établir à demeure de façon à incommoder la défense? Ce ne fut que quelques jours après qu'on comprit enfin la raison de la persistance des ennemis à nous éloigner de ces postes. Le 1er août, en effet, le duc de Savoie dirigea trois colonnes pour attaquer les travaux de retranchements et le plateau de la chapelle

Sainte-Catherine. La première, descendant le vallon de Donamorte, à l'abri de la hauteur d'Artigues, était commandée par le prince de Hesse-Cassel ; la deuxième, qui avait pris à travers les vignes du haut quartier des Darboussettes, était sous les ordres du comte de la Roque, lieutenant-général piémontais, et la troisième, qui s'avança par le quartier de la Croix de Vidal, était conduite par le jeune marquis de Salles. Le feu s'ouvrit à cinq heures du matin. Nous ignorons absolument ce qui se passa dans cette affaire, si ce n'est que « M. de Guerchois et M. de » Villars, qui y commandaient (à la chapelle), furent obligés » de céder et se retirèrent en bon ordre. » C'est là tout ce que nous apprennent les *Relations* de l'époque. Le *Journal du Siège*, écrit par un militaire, est plus bref encore ; il passe l'action sous silence et se contente de dire que le 2 août : « Les ennemys s'étant aperçus que nos gens s'étoient » retirés de la chapelle, résolurent de s'y établir et destinèrent la crête du plateau, qui est de roche vive, à une » batterie qui ne pouvoit être faite qu'avec des gabions, ce » à quoy ils s'occupèrent pendant toute la nuit. »

En réalité, l'affaire du 1er août fut très malheureuse pour nous. Il semble qu'il y ait eu dans la défense beaucoup de confusion, des *malentendus* entre les chefs, et même une *terreur panique* parmi les soldats. Les lettres du maréchal ne racontent pas les détails de l'action elle-même, mais elles suffisent pour nous montrer toute l'étendue de notre revers, que les écrivains du temps nous ont tous caché avec un soin jaloux. Il écrivait d'Aubagne, le 8 août, au roi : « J'arrive de Toulon, d'où je partis hier. Les ennemys » continuent leurs travaux depuis le poste de Sainte-Cathe- » rine, malheureusement perdu, sans que l'on sache encore » comment ni par quelle fatalité, excepté par l'effet d'une

» terreur panique, jusqu'à la hauteur de la Malgue. » Il fut question, à la cour, de rappeler M. de Guerchois, qui commandait en chef, et il ne fut sauvé d'une disgrâce que par l'intervention du maréchal de Tessé, qui plaida avec beaucoup de cœur la cause de l'infortuné général auprès du ministre de la guerre et auprès du roi. « Au nom de » Dieu, écrivait-il au ministre, faites que le roy ne prenne » aucune prévention contre M. de Guerchois; c'est un » brave et galant homme qui n'a été que malheureux. Je » suis son serviteur et amy et il a plutôt besoin de conso- » lation que d'accusation. Sans doute la Croix de Faron » perdue sous ses ordres et le plateau de Sainte-Catherine » abandonné sont deux choses tristes; mais le voila aux » arrêts au veu et au sceu d'une grosse garnison. Je suis » pénétré d'une douleur indicible..... » Et le 13 août, sans doute sur l'avis que le roi voulait le révoquer, il lui écrivait cette lettre généreuse, qui eut, du reste, son plein effet : « Sire, le malheur de M. de Guerchois n'est arrivé » de sa part par aucun manque de courage ou de fermeté, » dont il a donné souvent des témoignages éclatants. Son » premier malheur de la Croix de Faron vint de la volonté » qu'il eut de se porter dans les bas où on tiroit, et pendant » qu'il cherchoit des coups de mousquet, les hauteurs » plièrent et le pauvre garçon ne les put regagner. A » l'égard de la perte du poste de Sainte-Catherine, ce fut » un malentendu, et certainement, Sire, de Guerchois a » plus besoin de consolation que d'autre chose. Il se met à » tout, il travaille et, dans l'esprit de Votre Majesté, il peut » et doit passer pour un homme rempli de fermeté et » de courage, qu'un événement malheureux ne doit pas » perdre pour votre service, ni rien diminuer de l'opinion » que Votre Majesté avoit de luy. »

La possession du plateau de la chapelle Sainte-Catherine, ou tout au moins sa non occupation par les assiégés, importait beaucoup aux alliés. Leur but était de s'en servir comme d'un abri contre le feu de la place, pour ouvrir au pied de son revers oriental une tranchée qui devait aboutir à la hauteur de la Malgue, en passant par le pont de l'Eygoutier, en avant de l'abattoir actuel. Dès la nuit du 2 août ils commencèrent leurs travaux et les continuèrent les jours suivants avec une grande activité, malgré le feu des bastions Saint-Bernard et des Minimes, et celui du vaisseau le *Tonnant*. En même temps qu'ils établissaient leurs parallèles, ils tentèrent une attaque sur le camp de Sainte-Anne en le prenant à revers par son front ouest. Pour cela ils firent filer des troupes par le vallon des Favières, derrière Faron, qui devaient gagner Dardennes et descendre ensuite la vallée pour déboucher sur le quartier de Saint-Roch. L'expédition fut confiée au prince Eugène et échoua complètement. Le prince détacha en avant le colonel Pfefferkom avec 500 hommes pour reconnaître les passages et éclairer le terrain, le suivant de près avec quatre bataillons et un régiment de cavalerie. L'avant-garde, parvenue au château de Dardennes sans avoir tiré un coup de fusil, descendait vers Toulon en suivant la vallée, quand, arrivée au château Saint-Antoine, là où le passage se resserre et ne forme plus qu'une gorge étroite, elle se trouva en présence de 3,000 hommes, commandés par M. de Barville, qui lui barrèrent la route. On fit le coup de feu pendant quelques instants de part et d'autre en tirailleurs, sans engager d'affaire, et le colonel Pfefferkom battit en retraite sur le château de Dardennes, où il rencontra le prince Eugène qui arrivait. Les troupes campèrent dans les prairies qui entourent l'ancienne demeure seigneuriale. Ce fut le seul mouvement tournant que tentèrent les ennemis pour investir Toulon et couper ses communications avec l'intérieur du pays.

La prise des retranchements de Sainte-Catherine, les travaux de siège que faisaient les ennemis, avaient dû désillusionner ceux qui se berçaient encore de l'espérance que les coalisés renonceraient à leurs projets sur Toulon. On mit la dernière main aux fortifications du camp de Sainte-Anne (1), et la marine, en prévision d'un bombardement prochain, acheva de placer ses vaisseaux désarmés à l'abri du feu. Les galères, renvoyées si malheureusement à Marseille, ainsi que je l'ai déjà dit, étaient parties le 1er août; on s'occupa activement de couler les vaisseaux dans les deux darses en leur faisant des ouvertures au fond de cale. « Ceux de 1er rang, dit le *Journal du siège*, fesoient » voir encore sur l'eau la batterie d'en haut, dans le temps » que ceux de 2e et 3e rang étoient entièrement submergés. » On coula quelques-uns de ces derniers et même de plus » petits pour servir d'estacade aux deux vaisseaux le » *Tonnant* et le *Saint-Philippe*, et c'étoit pour empêcher » les brûlots de les aborder. On peut dire que ce qui fait » la beauté de Toulon étoit alors ce qu'il y avoit de plus » difforme à voir; les vaisseaux étoient sans mâts, les uns » couchés sur bâbord, les autres sur tribord, les uns enfon- » cés de l'avant, les autres de l'arrière. »

Tous les travaux militaires ou maritimes accomplis depuis un mois à Toulon avaient malheureusement amené de pénibles tiraillements entre les chefs des services du port,

(1) « On y travailloit avec beaucoup de diligence et l'on portoit les dra- » peaux sur l'ouvrage afin que tous les officiers et soldats s'y trouvassent, » et Messieurs les officiers généraux s'y trouvoient aussi très assidus. » *Manuscrit* de M. La Blottière.

de la place et du camp retranché de Sainte-Anne. L'entente, toujours si complète quand il s'agissait d'abnégation et de sacrifices personnels devant l'ennemi, n'existait pas toujours dans les relations intérieures entre M. de Langeron et M. de Saint-Paters, entre ce dernier et M. de Goësbrian et M. de Chalmazel, entre celui-ci et la municipalité. C'est là un des côtés de l'histoire du siège qu'aucun écrivain n'a indiqué et qui nous est révélé par le maréchal de Tessé lui-même dans sa correspondance avec le ministre. Le 8 août, il écrivait à M. de Chamillard la lettre suivante, au fond de laquelle on trouve un ton de bonne humeur qui nous montre bien que le maréchal acceptait ces misères humaines, sachant que la défense n'aurait jamais à en souffrir. « Je vous assure, écrivait-il, qu'avec la meilleure » volonté du monde, des officiers et même des troupes, » Toulon, devenu république, se peut perdre. Quand je dis » devenu république, c'est par la singularité des esprits » et des opinions qui, tous uniformes pour bien servir le » Roy, voudroient pourtant tous bien servir à leur fan- » taisie. Il n'y a pas un officier de marine qui ne croye que » tout ce qui se fait et qui n'est pas relatif à la conservation » des vaisseaux et des arsenaux ne soit totalement inutile. » M. de Saint-Paters, brave et galant homme, est en céré- » monie avec M. de Chalmazel, et M. de Chalmazel l'est » avec luy et avec la ville, qui ne fait que se lamenter et » craindre les bombes ; joignez à cet article vingt-cinq mille » femmes que l'on ne fait pas taire facilement. M. de Saint- » Paters croit que tout ce qui ne se fait pas pour la conser- » vation de ses remparts est inutile et que ses bastions » pulvérisés et ses batteries renversées, l'ennemi peut » l'emporter sans attaquer le camp. Il voudroit que ce » camp, qui a travaillé à l'impossible, ne songeât qu'à

» épaissir ses remparts. Ajoutez à cela les matelots qui, » braves gens sur mer, sont sur terre comme si je mar- » chois sur une corde. De tout cela donc, qui a ses opinions, » ses vues, ses jalousies, ses incertitudes et ses passions » particulières, il s'en fait un produit qui n'a de concert » que celui de dire : il faut mourir pour le service du Roy. » A cela je leur dis que c'est tout le contraire et qu'il faut » vivre pour le bien servir.

» Je suis venu passer vingt-quatre heures à Toulon ; » vingt-quatre heures de tournoiement de tête qui n'a point » d'exemple, et n'ai été bien content de la docilité d'aucun » que de celle de M. de Goësbrian et de M. de Dillon, qui » agissent avec une intelligence parfaite. MM. de Langeron » et de Vauvré concourent au bien, mais toujours avec la » condition que la marine est le point unique. Je prends » donc mon parti, et, puisque les ennemys nous ont laissé » la communication libre et que j'espère qu'elle le sera » encore demain et après-demain, je marche moi-même à » Toulon avec ce qui me reste d'infanterie..... »

Jusqu'à ce moment il n'est presque jamais fait mention de la flotte des alliés dans les *Relations* que nous avons du siège de Toulon. Tout ce que nous en savons, c'est qu'elle avait éprouvé de grandes difficultés à débarquer, à l'embouchure du Gapeau, les canons, les munitions et les vivres qu'elle transportait. A peine envoyait-elle quelques vaisseaux ou frégates faire tous les jours des apparitions rapides devant Toulon, et qui regagnaient tous les soirs leur mouillage des îles d'Hyères. Le 1er août, cependant, l'amiral Showel détacha neuf navires de son escadre, qui parurent devant Saint-Nazaire, où ils prirent une tartane chargée de blé et donnèrent la chasse à un autre bâtiment de même tonnage, qui vint s'échouer sur la plage et fut incendié par le patron lui-même. Les Anglais canonnèrent Saint-Nazaire, firent ensuite une descente à Bandol, pillèrent le château et mirent le feu à l'habitation des fermiers. En même temps, des partis ennemis ravageaient la campagne autour des campements. Ils incendièrent entièrement le bourg de la Garde, dont les archives les plus anciennes ne datent que de la fin de l'année 1707, pendant que les troupes qui occupaient Dardennes brûlaient le Revest.

Pendant la nuit du 3 au 4 août les assiégeants firent travailler activement à leur parallèle et à leurs batteries de La Malgue. On sut par leurs déserteurs qu'outre ces deux batteries ils en établissaient quatre autres, dont trois tournées contre la ville et une, de six pièces, destinée à battre le fort Sainte-Marguerite. En même temps, ils placèrent deux canons sur la hauteur d'Artigues et deux sur le plateau de Sainte-Catherine, derrière la bastide de l'avocat Florent, « proche la chapelle (1) ». C'étaient de petites pièces montées sur affûts roulants, qu'on découvrait pour faire feu et qu'on ramenait ensuite à l'abri pour les recharger. Le 4, un boulet parti de Sainte-Catherine tua un jeune garçon et une femme qui travaillaient aux terrassements de la redoute de Saint-Lazare, ce qui causa une grande émotion parmi les ouvriers. Le 5, les ennemis recommencèrent le feu. Ils pointèrent leurs pièces contre les dragons et les travailleurs qui faisaient un chemin couvert au-devant des bastions de Saint-Bernard et des Minimes; mais les canons de la place criblèrent bientôt de boulets la chapelle et la bastide Florent et forcèrent les artilleurs à se retirer. Le soir, et par une

(1) Cette bastide existe encore presque à l'état de ruine et sert de bergerie. Elle est au nord-est du fort Sainte-Catherine, à moins de cinquante mètres de la voie du chemin de fer.

nuit noire, le commandant du fort Sainte-Marguerite envoya un canot au port pour annoncer qu'il n'avait plus que pour deux jours d'eau. Le lendemain matin on expédia un brigantin pour renouveler son approvisionnement. Il était remorqué ou convoyé par une trentaine de chaloupes armées qui, à la hauteur du cap Brun, rencontrèrent les chaloupes anglaises en surveillance sur la côte et firent le coup de feu avec elles. Le combat s'engagea à la portée de la rame. Nos marins finirent par s'ouvrir un passage, et une frégate anglaise étant survenue pendant le débarquement des barriques d'eau, le canon du fort fut assez heureux pour la démâter de son grand mât, ce qui la mit dans l'obligation de se faire remorquer à Hyères par les embarcations qui venaient de combattre.

Le 6, le maréchal de Tessé arriva à Toulon, il parcourut et examina attentivement tous les travaux extérieurs, qui étaient achevés ou sur le point de l'être. Une redoute qu'on avait élevée en avant de la porte Saint-Lazare était à la hauteur du parapet, et on avait commencé à la fraiser, le chemin couvert de la place était palissadé, les retranchements du camp de Sainte-Anne étaient entièrement terminés et on mettait les palissades aux fossés. Le même jour on finit la démolition des couvents des Minimes et des religieuses de Saint-Bernard, qui furent abattus jusqu'à la hauteur du rempart, auquel ils étaient adossés.

Les ennemis n'avaient pas encore fait jouer leur grosse artillerie. Le 7 août, dans l'après-midi, quatorze canons de deux batteries, l'une au pont de l'Eygoutier, l'autre à la Malgue, ouvrirent le feu sur la redoute élevée en avant de la porte Saint-Lazare et sur le vaisseau le *Tonnant*. Dans la nuit du 7 au 8, ils renforcèrent leurs batteries de quatre canons et commencèrent à tirer dès quatre heures du matin. Le *Tonnant* reçut un grand nombre de boulets; néanmoins, M. de Montgon fit dire le soir qu'il pouvait réparer avec ses seuls moyens les dommages éprouvés par la coque de son vaisseau. On décida qu'on remorquerait le *Saint-Philippe* auprès du *Tonnant*, pour ruiner les batteries de la Malgue, et cette opération fut exécutée le lendemain matin avec un plein succès, malgré un feu très vif. Les mortiers et les canons du bastion des Minimes et une batterie qu'on venait d'établir à la Ponche Rimade, à l'extrémité est de la vieille darse, tirèrent toute la journée sur les batteries ennemies. Vers cinq heures du soir, celle du pont de l'Eygoutier cessa entièrement son feu. On apprit, le lendemain, par les déserteurs, qu'elle avait été presque complètement démontée et qu'une bombe avait fait sauter sa poudrière. Dans cette journée, quelques boulets perdus tombèrent sur le quartier Saint-Jean, dont l'un tua une femme et son enfant. La panique se mit parmi les habitants du quartier, appartenant en général aux classes pauvres, et plusieurs familles émigrèrent vers l'autre extrémité de la ville.

Le 9, le *Saint-Philippe* et le *Tonnant* ouvrirent le feu sur les batteries de la Malgue. Les ennemis avaient réparé pendant la nuit les dégats reçus la veille et démasquèrent une nouvelle batterie placée entre celle du pont de l'Eygoutier et les pentes nord-est de la Malgue. Leur feu fut dirigé pendant toute la journée sur les deux vaisseaux, sur le fort Saint-Louis, qui souffrit beaucoup, et sur la Ponche Rimade. Une femme fut tuée sur le port et un artilleur eut la jambe emportée. Du côté des assiégeants, le duc de Savoie courut un grand danger : pendant qu'il donnait un ordre au marquis de Salles, dans la batterie du pont de l'Eygoutier, un boulet coupa en deux M. de Salles et couvrit le duc de sang. Tous les efforts des ennemis n'empêchaient pas la continuation des travaux. Pendant le jour, on terrassait la courtine de la droite du bastion des Minimes et, pendant la nuit, on travaillait à perfectionner le glacis et la redoute. Pour donner le talus et l'étendue nécessaires au glacis, il fallut démolir une partie du cimetière Saint-Lazare, où M. de Saint-Paters ordonna même de faire sauter par la mine les monuments élevés à la mémoire de Mgr de Pingré et de M. de Courcelles, ancien commandant militaire de la ville (1).

Dans la nuit du 9 au 10, on tira quelques coups de canon de part et d'autre ; mais à la pointe du jour le feu recommença avec grand fracas. Le maréchal de Tessé, accompagné du comte de Grignan et de quelques gentilshommes de la province, entra à Toulon, à 9 heures du matin, avec dix-huit bataillons d'infanterie qui campèrent à Missiessy, ayant laissé trois régiments de dragons au Beausset. Ce contingent avait été distrait du corps d'armée commandé par M. de Médavy, qui était arrivé depuis quelques jours seulement à Aix et avait été envoyé avec six bataillons d'infanterie et quarante-deux escadrons de cavalerie pour tenir la campagne du côté de Brignoles et Saint-Maximin.

(1) « M. de Saint-Paters, craignant que le canon ennemy venant à donner » dans les pierres de taille, les soldats de la garde du glacis ne fussent » tués ou blessés, ordonna aux mineurs de les faire sauter avec des bombes. » J'étois auprès de luy quand il donna cet ordre ; je pris la liberté de luy » représenter que le peuple de Toulon ayant en vénération la mémoire » de Mgr de Pingré, ce seroit pour luy un sujet de tristesse de savoir que » les restes de ce prélat fussent profanés de cette manière et que, s'il le » jugeoit à propos, je luy aménerois un nombre suffisant de tailleurs de » pierre pour démolir ces mausolées et que j'en avertirois Mgr l'évêque, » afin qu'il ordonnât qu'on transférât ces ossements dans la cathédrale » pour être mis dans le tombeau destiné pour les évêques. » Cela fut ainsi fait et les restes de Mgr de Pingré furent transportés à la cathédrale.

Le maréchal n'était revenu à Toulon que pour tenter une action décisive. Il en fixa l'exécution au 15 août, pour laisser aux troupes qu'il avait amenées le temps de se reposer. Dès le premier jour, il ordonna que sur les cinquante hommes par bataillon qui, toutes les nuits, étaient de service de grand'garde en avant du camp de Sainte-Anne, on en détacherait dix pour aller donner l'alarme aux assiégeants. « C'étoit, dit le *Journal du siège*, pour les accoutumer à ces » fausses attaques et leur dérober la connoissance du jour » où on leur en feroit une véritable. » Quoique le maréchal ne se fût ouvert de son projet qu'à M. de Goësbrian, nul ne se trompa sur le but de la mesure prise et chacun se prit à espérer qu'une sortie générale était prochaine.

Le 11, l'état des forts de Sainte-Marguerite et de Saint-Louis était désespéré. Ce dernier, commandé par le capitaine Daillon, ayant sous ses ordres le lieutenant de frégate de Cauvières, s'écroulait de toutes parts, sous le feu d'une batterie qui le criblait nuit et jour de boulets. Le fort Sainte-Marguerite, sous le commandement de M. de Grenonville, capitaine de frégate, était dans une situation plus lamentable encore. Outre, en effet, qu'il était battu en brèche par une batterie de neuf canons, ses citernes étaient presque à sec, et ses défenseurs, soumis au dur régime d'une étroite ration d'eau, étaient menacés de succomber prochainement dans les angoisses de la soif. On tenta ce même jour de faire parvenir par mer à M. de Grenonville quelques barriques d'eau, mais les embarcations qui les portaient se heurtèrent à de nombreuses chaloupes armées sorties de toutes les criques de la côte, et furent forcées de rentrer à Toulon. On regretta amèrement en cette circonstance l'absence des galères, qui auraient pu rendre les plus grands services.

Les assiégeants avaient perfectionné leur parallèle. Ils avaient placé une grande quantité de tonneaux et de gabions, en forme de croissant, depuis l'ouverture de la tranchée, à la chapelle Sainte-Catherine, jusqu'à la *bastide* d'un sieur Cauvière, attenante au mur de clôture de l'abattoir communal. Dans la nuit du 11 au 12 août, ils démasquèrent trois batteries de mortiers : une de huit, à deux cents toises au-delà du pont de l'Eygoutier, sur la hauteur qui domine le château Aguillon ; une de quatre, entre celle-ci et La Malgue, et une de sept au bas de Sainte-Catherine. Ils avaient, en outre, en ce moment, quatre batteries de canons à La Malgue, dont une de vingt pièces, qui tirait sur le vaisseau le *Tonnant ;* une de quatre pièces qui tirait sur le fort Saint-Louis, une de six pièces qui tirait sur la batterie de la Ponche Rimade, et une de quatre pièces dite du vallat de La Malgue ; (1) à Sainte-Catherine, au-delà de la chapelle, une batterie de douze pièces qui tirait sur le bastion Saint-Bernard ; à la *bastide* de Cauvière, une de trois pièces, qui ne paraît pas avoir été utilisée ; au pont de l'Eygoutier, une batterie dite la Royale, d'abord de sept pièces et ensuite de dix, qui tirait sur la redoute de la porte Saint-Lazare, et enfin, « à une portée de pistolet du fossé, » deux batteries de sept pièces, qui tiraient sur le bastion des Minimes et le *Saint-Philippe.* En tout neuf batteries de canons comportant soixante-treize pièces, et trois batteries

(1) Il est fort peu parlé dans les *Relations* de cette batterie. Voici ce qu'en dit le *Journal du siège :* « Ce même jour, 11 août, les ennemys » démasquèrent une nouvelle batterie de quatre pièces, entre la batterie » royale et celles de La Malgue, près d'un ruisseau d'écoulement des » eaux de pluie, dit *vallat de La Malgue.* Cette batterie tira toute la » journée du 12 contre la ville, sans lui faire grand mal, les boulets ne » faisant que blanchir contre les remparts ; mais ceux qui passoient par- » dessus incommodoient les maisons. »

de mortiers, armées de dix-neuf bouches à feu. Le 12, dès le matin, les ennemis ouvrirent le feu. Nos bastions de Sainte-Ursule, de Saint-Bernard, des Minimes, la batterie de la Ponche Rimade et les deux vaisseaux y répondirent avec vigueur. Le maréchal de Tessé ne cessa pendant toute la journée de visiter les batteries. Le soir, à son dîner, où se trouvaient M. de Grignan et plusieurs généraux, il lut une lettre de M. de Médavy, dans laquelle il lui disait qu'il était très content des Provençaux et qu'il était certain, en voyant la bonne volonté et le courage des populations, que non-seulement le duc de Savoie échouerait dans son entreprise, mais encore qu'il souffrirait beaucoup dans sa retraite. La présence de M. de Médavy dans les quartiers de Brignoles avait, en effet, redonné du cœur aux habitants de la contrée qui, se sentant commandés et soutenus, firent une guerre cruelle aux partis ennemis qui s'aventuraient de leur côté. Le maréchal écrivait quelques jours après au roi : « Je commence à sentir l'utilité de ce que » j'avois ordonné à M. de Médavy. Toutes les communautés » à sa portée ont repris les armes, se sont jointes à luy et » font la guerre. »

Une pluie abondante qui survint le 13 fit cesser presque complètement le feu des deux côtés. Elle eut, en outre, pour résultat de transformer en marais les rues de la ville, dépavées par ordre de M. de Saint-Paters, « de telle » manière que les habitans et les troupes en avoient jusqu'à » demie-jambe. » La pluie continua dans la nuit du 13 au 14 et empêcha nos canonniers de tenir les ennemis en éveil. On avait, à ce moment, tiré de nos batteries sept mille boulets et cinq cents bombes ; d'après l'estimation de M. La Blottière, les assiégeants avaient lancé sur la ville et ses défenses environ sept mille deux cents boulets. Les deux quartiers Saint-Jean et du Chapeau-Rouge, situés derrière les bastions des Minimes et de Saint-Bernard, avaient été évacués par leurs habitants, qui s'étaient retirés, partie dans le quartier neuf, partie dans la campagne, à La Seyne, à Ollioules et autres localités voisines. Le 14, la pluie ayant cessé, le feu recommença. La ville souffrit beaucoup. Un habitant fut tué, dans la rue des Marchands, en sortant d'un magasin où il venait d'acheter de la glace.

Pendant cette journée du 14 août, le maréchal prit ses dernières dispositions pour l'attaque générale qui devait avoir lieu le lendemain 15. Ici se présente une question qu'aucun historien du siège de Toulon n'a soulevée et que nous voudrions poser et essayer de résoudre : le maréchal est-il l'auteur du projet de sortie qui fut mis à exécution le 15 août? Nous ne le pensons pas. Il existe aux *Archives de la direction du génie* de notre ville un rapport, resté ignoré jusqu'à ce jour, de M. La Blottière, directeur des fortifications de Toulon, attaché à l'état-major de M. Niquet, directeur général des fortifications de Provence, qui fait la lumière sur cette question. Dans ce rapport, demandé à M. La Blottière par le maréchal (1), cet officier supérieur développait le plan d'une attaque générale des positions ennemies, depuis la Croix de Faron jusqu'à la hauteur de la Malgue, et réglait tous les détails de nombre d'hommes, d'armement et de marche des six colonnes, indépendantes les unes des autres, qui devaient accomplir cette expédition. Or, le plan de M. La Blottière ayant été exécuté tel qu'il l'avait proposé, à l'exception d'un point d'attaque

(1) « Voila, Monseigneur, le petit détail que j'ay pris la liberté de faire, » comme vous l'avés demandé. » *Rapport de M. La Blottière au maréchal.*

modifié par le maréchal et dont je parlerai tout à l'heure, nous nous croyons autorisé à attribuer l'honneur de la conception militaire qui détermina la levée du siège, au modeste officier dont le nom n'est cité dans aucune des nombreuses *Relations* publiées jusqu'à ce jour. Voici ce document, que je donne, malgré sa longueur, dans ses termes exacts, parce qu'il me paraît important pour l'*Histoire du siège de Toulon* et qu'il est absolument inédit.

« DISPOSITIONS D'ATTAQUE

» Mon sentiment est qu'il faudroit s'emparer de la montagne de la Croix de Faron, de la hauteur de Sainte-Catherine et de la montagne de la Malgue.

» *Premièrement.* — Pour s'emparer de la montagne de la Croix de Faron, j'estime qu'il faudroit huit bataillons et six compagnies de grenadiers d'augmentation. Toutes ces troupes doivent marcher à une heure de nuit, afin d'arriver sur la montagne un peu avant le jour. Tous les grenadiers marcheront à l'avant-garde et, dès qu'ils seront arrivés au col de Favières, ils feront halte pour attendre la queue des huit bataillons, après quoi on les fera marcher en bataille, suivant les grenadiers et autant que le terrain pourra le permettre. Chaque grenadier aura deux grenades pour s'en servir en cas de besoin.

» Il faudra faire dire à l'ordre que les soldats aient la précaution de porter de l'eau dans leurs gourdes, n'y en ayant point sur la montagne.

» Il faut aussi avoir vingt-quatre mulets, qui suivront la queue des bataillons, qui porteront sçavoir : cinq petites pièces de canon avec leurs affuts, de la poudre, boulets et bourres pour tirer au moins trente coups par chaque pièce; cent fascines de chacune six pieds de longueur, neuf pouces de diamètre, et attachées avec cinq liens ou harts ; deux cents pots d'eau de vie, quatre cents pots de vin et six cents pots d'eau, le tout mesure de Toulon, qui est presque le double du pot de camp ; une douzaine de brancards et des chirurgiens pour panser les blessés. Il y aura deux cents hommes de piquet qui suivront les mulets et, dès qu'ils seront arrivés au col de Favières, les deux cents hommes y resteront pour garder ce passage afin que les ennemis ne puissent point nous tourner la montagne. Il ne faudra pas aussi oublier de faire porter huit ou dix fusées volantes pour donner des signaux dont on conviendra avec les troupes destinées pour l'attaque de la montagne Sainte-Catherine et celle de la Malgue.

» Pour la conduite des troupes, il me paraît nécessaire qu'il y ait un lieutenant général ou maréchal de camp et deux brigadiers ; quant aux deux brigadiers, je crois qu'on ne peut se dispenser de prendre M. Le Guerchois, qui connaît parfaitement bien le poste de la Croix de Faron, qui se mettra à la tête des grenadiers.

» *Deuxièmement.* — Pour l'attaque de la montagne de Sainte-Catherine, il faudroit dix-huit bataillons et seize compagnies de grenadiers d'augmentation. Ces troupes marcheront sur trois colonnes, dont la première doit être composée de quatre bataillons et deux compagnies de grenadiers d'augmentation. Cette colonne sera conduite par un brigadier qui la mènera le long de la montagne pour aller de niveau sur le plateau qui est au dessus de la maison brûlée (1). Si même on peut faire marcher ces

(1) La maison brûlée appartenait au sieur Artigues et était située au sommet de la hauteur qui a gardé ce nom. Elle avait été incendiée quelques jours auparavant.

troupes pour qu'elles puissent aller au dessus du plateau, pour après cela y descendre, ce sera mieux que d'y aller de niveau. Cette colonne sera nommée la gauche.

» *Troisièmement.* — La seconde colonne, qui sera celle du centre droit, doit être composée de huit bataillons et de dix compagnies de grenadiers d'augmentation, qui marcheront droit à la maison brûlée.

» *Quatrièmement.* — La troisième colonne, qui sera la droite, sera composée de six bataillons et de quatre compagnies de grenadiers d'augmentation, qui marcheront à la chapelle Sainte-Catherine, où je crois qu'il y aura le plus de résistance des ennemis, à cause de la ligne de communication qu'ils ont faite, qui prend depuis la dite chapelle et qui va jusqu'aux batteries de canon qu'ils ont à la montagne de la Malgue. C'est pourquoi il faut que la colonne du centre, qui est la plus forte, marche plus près de cette colonne que de celle de la gauche, afin d'être à portée de lui donner un prompt secours en cas de besoin. Pour la conduite de ces troupes, il me paroit qu'il faut un lieutenant général, deux maréchaux de camp et trois brigadiers.

» *Cinquièmement.* — Pour l'attaque de la montagne de la Malgue, où les ennemis ont actuellement trente pièces de canon en batterie, je crois qu'il faudroit y aller avec neuf bataillons et huit compagnies de grenadiers d'augmentation, lesquelles compagnies s'embarqueront pour aller descendre auprès de la Grosse Tour et s'empareront de la crête de la montagne au delà de l'Egoutier, près du fort Saint-Louis, et seront portées dans cet endroit au moins une demi heure avant le jour. Les neuf bataillons ne passeront point le Navil (1), qui est dans la prairie au bas de l'Egoutier,

(1) Navil ou Naville, de l'italien *Navillo*, expression dont se servent

que les troupes destinées pour l'attaque de la chapelle Sainte-Catherine ne s'en soient emparées, parce que de ce point on voit de revers toute la communication des ennemis dont j'ai parlé, qui va à leurs batteries de canon de la Malgue; et pour lors ils ne pourront plus se maintenir dans ladite communication, et dans ce temps là les neuf bataillons qui auront comblé le Navil pendant la nuit avec des fascines se déploieront et longeront sur leur gauche du côté de la communication, pour aller droit en bataille à l'Egoutier pour empêcher que les ennemis ne voulussent nous en disputer le passage. Les huit compagnies de grenadiers que j'ai portées sur la crête de la montagne, près le fort de Saint-Louis, nous le favoriseront.

» Il faut avec ses neuf bataillons un lieutenant général, un maréchal de camp et deux brigadiers. Il faudra aussi un brigadier à la tête des huit compagnies de grenadiers. Il ne faudra pas oublier de porter des clous et des marteaux pour enclouer le canon au cas qu'on ne put pas s'établir sur la montagne, pour laquelle il faudra deux cent cinquante travailleurs, qui suivront les troupes avec des mulets, pour porter des pelles, des pioches, des fascines et des gabions (1).

» Il faudra pareil nombre de travailleurs pour l'expédition de la montagne Sainte-Catherine, et il faut que les ingénieurs

les habitants de la Lombardie pour désigner les fossés ou canaux qui sillonnent leurs plaines, soit qu'ils servent à la culture du riz, soit qu'ils puissent donner passage à des barques pour le transport des récoltes.

(1) En marge se trouve cette note écrite par M. La Blottière, probablement le 23 août, après la levée du siège : « Il n'y a eu qu'une fausse » attaque à la montagne de la Malgue, qui fut de six compagnies de » grenadiers et de deux cents hommes de piquet; mais il est certain » que si on avoit suivi le détail ci-joint qu'on auroit réussi. »

qui seront commandés aient grande attention de conduire les travailleurs aux endroits où il faudra se retrancher et pour combler et détruire les travaux des ennemis.

» *Sixièmement.* — Il seroit aussi nécessaire que les troupes qui sont au poste de Saint-Antoine attaquassent quelques gardes de cavalerie que les ennemis ont de ce côté là, que j'aperçus hier du col de Favières toutes sellées. Il me parut qu'il pouvoit y avoir environ quatre cents chevaux et pas une tente d'étendue, ce qui me persuada qu'ils ne restent là que pour s'en aller à la première démonstration qu'on fera de les y attaquer.

» On observera qu'il faut que, dès qu'on aura donné le signal de plusieurs fusées volantes de dessus la montagne de la Croix de Faron, comme j'ai déjà dit, que toutes les troupes marchent où elles seront destinées et qu'elles soient prêtes de donner une demi heure avant le soleil levant en attaquant toutes ensemble ; les ennemis se trouveront embarrassés de quel côté ils porteront leurs forces.

» Les troupes de l'armée qui ne seront point commandées pour ces expéditions se mettront en bataille un peu avant le jour, les dragons sur la droite et au delà de la branche droite de notre camp retranché pour nous soutenir en cas d'une affaire générale, et si on peut avoir cinq ou six pièces de canon de huit livres de balles pour mener du côté de la chapelle Sainte-Catherine, je crois qu'elles nous seront d'un grand usage, particulièrement quand on se sera emparé de ladite chapelle, pour tirer dans la communication des ennemis et pour empêcher qu'ils ne puissent se former en bataille dans la plaine de la Valette. Le canon des vaisseaux et de la ville tirera aussi continuellement dans ladite plaine, pour empêcher que les ennemis viennent au secours de Sainte-Catherine et de la Malgue.

» Ce dernier poste est d'une très grande conséquence ; c'est pourquoi il faut y faire beaucoup d'attention, car il est certain qu'on ne pourra point se soutenir à la Croix de Faron et à Sainte-Catherine que nous n'ayons la montagne de la Malgue. Quand même on ne pourroit point s'établir dans aucun de ces postes, pourvu que nous puissions seulement enclouer le canon des ennemis et détruire leurs travaux, il est certain que nous empêcherons le bombardement, comme nous avons déjà empêché le siège par notre petit camp retranché de Sainte-Anne.

» Voilà, Monseigneur, le petit détail que j'ai pris la liberté de faire, comme vous l'avés demandé.

» Fait au camp sous Toulon.

» Le 14 août 1707. « LA BLOTTIÈRE (1). »

Tel est le plan de sortie proposé par M. La Blottière et qui fut mis à exécution dans la journée du 15 août. On remarquera l'insistance que le chef du génie de la place mettait à bien déterminer les conditions dans lesquelles devait se faire l'attaque de la hauteur de la Malgue. Incontestablement, là était pour lui le nœud de la situation, et il y revient dans le dernier paragraphe de son rapport, comme pour mieux marquer l'importance qu'il accordait à cette action. Ce fut, malheureusement, la seule partie du plan que le maréchal crut devoir modifier, en transformant l'attaque principale et décisive en une inutile diversion à

(1) Le rapport de M. La Blottière porte, comme on le voit, la date du 14 août. Il est difficile d'admettre qu'il l'ait remis au maréchal la veille seulement du jour où se fit la sortie dont il trace les nombreux détails d'exécution. Il faut supposer que nous ne possédons ici qu'une copie, écrite le 14 août, du rapport officiel, et restée aux *Archives de la Direction du génie* avec les autres documents appartenant au directeur des fortifications.

l'extrémité sud des retranchements ennemis, accomplie par quelques centaines d'hommes à peine. Nous avons vu M. La Blottière, dans une note écrite postérieurement en marge de la copie de son rapport, regretter qu'on n'eût pas suivi, sur ce point, ses indications; dans un *Mémoire* de lui, à la date du 23 août, et intitulé : *Réflexions sur le projet des ennemys au sujet de l'entreprise de Toulon*, il exprime le même regret : « Si on avoit en même temps, » dit-il, attaqué la montagne de La Malgue, ils auroient » (les ennemis) décampé le même jour. » Peut-être M. La Blottière avait-il trop insisté dans son projet sur les résultats immédiats de cette attaque! On peut supposer qu'il n'entrait pas dans les idées de M. de Tessé d'infliger un désastre au duc de Savoie. Lorsque nous essaierons tout à l'heure d'étudier les accusations qui atteignirent le maréchal après la levée du siège et qui pèsent encore sur sa mémoire, nous aurons à revenir sur ce changement apporté aux dispositions proposées.

Le maréchal de Tessé agit dans l'exécution du plan arrêté avec beaucoup d'ordre et de prudence. Il ne fit pas de proclamation à l'armée, mais ayant réuni, dans l'après-midi du 14, au jardin du roy, où il avait établi son quartier général, les généraux, les chefs d'escadre et les consuls de la ville, il les chargea de faire connaître aux officiers, soldats et marins, ainsi qu'aux habitants, chacun en ce qui le concernait, la décision prise d'attaquer les ennemis dès la première heure du jour du lendemain, leur faisant bien comprendre que le salut de la ville, du port, et même de la Provence, dépendait de leur courage, de leur solidité et de leur abnégation. « Je ne sçaurois » exprimer, dit l'auteur du *Journal du siège*, la joie » qu'on voyoit répandue sur le visage des officiers, sol-

» dats et habitans à cette nouvelle. Ces derniers crurent » fermement qu'on avoit choisi ce jour, qui étoit celui de la » patrone de leur ville et seroit aussi celui de leur déli- » vrance. Ils allumèrent des feux dans les rues à l'entrée » de la nuit, qui attirèrent plusieurs volées de canon, ce qui » auroit continué si M. le gouverneur ne m'avoit donné » l'ordre d'aller les faire éteindre. »

Dès la sortie du conseil, où les divers généraux qui avaient été désignés pour commander les six colonnes reçurent leurs derniers ordres, les mouvements commencèrent. La première colonne était commandée par le comte de Dillon, que les soldats, émerveillés de son intrépidité et de son audace, avaient surnommé le comte de *Frappe-fort*. Il avait sous ses ordres MM. de Guerchois et de Raffetot, brigadiers, et M. de Sansay, chef d'escadre. Sa colonne comprenait les deux brigades du Limousin et de la Savoie, faisant en tout huit bataillons, plus quatre compagnies de grenadiers, huit compagnies de marins et cent dragons à pied du Vieux-Languedoc. M. de Dillon devait se mettre en route le soir, à la nuit close, prendre, sur la gauche du camp de Sainte-Anne, par le vallon de Claret, et gagner les hauts plateaux de Faron. Arrivé au sommet de la montagne, il devait donner le signal de l'attaque générale en brûlant trois fusées, et s'emparer d'une batterie que les ennemis avaient élevée sur la croupe où est assis aujourd'hui le fort Faron, et qui tenait la hauteur d'Artigues sous ses canons.

La deuxième colonne, dite de gauche, était commandée par le comte de Tessé, fils du maréchal. Elle était formée de quatre bataillons, précédés de leurs grenadiers, et de quatre compagnies d'augmentation. Elle devait, vers minuit, gagner la montagne à mi-côte, couper à travers les vignes, déboucher à la tête du vallon de Donamorte et tenir le milieu entre le corps de M. de Dillon et la colonne du centre.

La troisième colonne ou du centre, sous les ordres de MM. de Montsoreau et de Broglie, brigadiers, comptait les deux brigades de Bourgogne et de Mirabeau, faisant huit bataillons, avec huit compagnies de grenadiers et cinq autres d'augmentation. Elle avait avec elle quatre canons et devait s'emparer de la hauteur d'Artigues.

La quatrième colonne, dite de droite, devait se porter directement devant elle et enlever les retranchements du plateau de la chapelle Sainte-Catherine. Elle était formée de six bataillons de marins et de dix compagnies de soldats, dont six de grenadiers. M. de Caraccioli, maréchal de camp, la commandait, ayant sous ses ordres M. Destouches, brigadier.

La cinquième colonne qui devait se porter sur la hauteur de la Malgue, était sous les ordres de M. de Cadrieux, capitaine de vaisseau. Elle se composait de six compagnies de grenadiers et de deux cents hommes, soldats ou marins. Ce faible détachement, embarqué dans la nuit du 14 au 15, devait être mis à terre à la Grosse Tour, gravir la croupe de la Malgue et n'attaquer les batteries ennemies qu'au signal donné du haut de Faron par M. de Dillon. En réalité, M. de Cadrieux ne devait faire qu'une diversion à l'extrémité sud des lignes des assiégeants.

Enfin, la sixième colonne, destinée à opérer dans le nord, était commandée par M. de Barville, brigadier, qui, avec sa brigade du Berry et quelques dragons à cheval, devait marcher par la gorge de Saint-Antoine. Le but était de s'emparer du château de Dardennes, occupé par quelques centaines de grenadiers piémontais et environ deux cents cavaliers allemands.

La nuit venue, M. de Cadrieux embarqua ses troupes dans l'arsenal. M. de Dillon, conduit par un marchand drapier de la ville, nommé Léraut, qui connaissait bien tous les sentiers de la montagne, commença à gravir les pentes de Faron, « par des sentiers dont ne voudroient pas » les chèvres », écrivait quelques jours après le maréchal au ministre, et M. de Barville s'avança dans la vallée de Dardennes. En même temps, les trois colonnes du centre prenaient leurs positions hors du camp de Sainte-Anne, où elles étaient remplacées par des bataillons venus de Missiessy, destinés à les soutenir en cas de besoin. Elles formèrent leurs faisceaux sur les terrains, à cette époque couverts d'oliviers, qui s'étendaient de l'emplacement occupé actuellement par le cimetière jusqu'au bastion Saint-Vincent, ayant leur droite appuyée aux glacis de la ville, avec un régiment de dragons à cheval en potence, et leur gauche tirant vers la montagne. Ces mouvements s'accomplirent avec le plus grand ordre et au milieu d'un silence complet. Le maréchal de Tessé et M. de Goësbrian parcouraient les lignes en donnant leurs derniers ordres. Le comte de Grignan, à cheval, passa la nuit au milieu des troupes : « Le comte de Grignan m'a joint, écrivait le » maréchal au roi. J'admire le courage de ce vieux seigneur » qui, à son âge et avec les infirmités qu'il a, remplit si » bien les fonctions si difficiles de lieutenant de roy en » Provence. »

Ainsi que cela arrive toujours en Provence après un orage d'été, le mistral avait soufflé avec violence dans la journée du 14 et continua avec rage le lendemain. Le 15, l'aube commençait à peine à poindre à l'horizon, lorsque M. de Dillon donna du sommet de Faron le signal convenu en brûlant trois fusées, et en même temps on aperçut de la plaine les éclairs rapides de la fusillade sur la montagne et sur la hauteur de la Malgue. L'artillerie ennemie surprise et ne sachant ce qui se passait, tira sur la ville quelques volées de canon, auxquelles nos batteries répondirent. quoiqu'on eût bien recommandé de ne pas tirer avant d'en avoir reçu l'ordre. « Le marquis de Chalmazel, dit l'auteur » du *Journal du Siège*, m'envoya les faire cesser. Pendant » que je parcourais les remparts, je découvris la marche de » nos troupes qui s'avançoient vers Sainte-Catherine. Le » vent fesoit battre les drapeaux d'une telle force que c'étoit » le seul bruit qu'on entendoit, tant le silence des soldats » était grand. »

La colonne de M. de Dillon, après une marche très pénible, qui n'avait pas duré moins de six heures, avait atteint la crête de la montagne et attaqué à revers la redoute que les ennemis avaient élevée au-dessous de ce point. L'affaire fut très vive, mais nos troupes finirent par l'emporter à la baïonnette et les alliés descendirent rapidement les pentes est de Faron, qui aboutissent à La Valette. Les grenadiers les poursuivirent à travers les rochers jusqu'à une portée de mousquet presque du bourg, où les officiers eurent de la peine à les arrêter et les empêcher de s'engager plus avant (1). En même temps, le marquis de Goësbrian lançait ses colonnes à l'assaut des positions. Le comte de Tessé, qui avait une plus longue route à parcourir, était parti à minuit, coupant en écharpe le quartier

(1) « Les ennemys étoient fort embarrassés et ils craignoient que nous » ne tombassions dans leur camp, par la hauteur de la croix de Faron, » et si le comte de Dillon, qui s'étoit emparé de ce poste avec huit » bataillons, en avoit eu six de plus, il auroit entrepris de descendre à » La Valette, qui étoit leur quartier général. » *Manuscrit de* M. LA BLOTTIÈRE.

rural de La Loubière pour gagner la tête du vallon de Donamorte. Il tomba sur un camp de trois bataillons allemands : de Hesse, d'Offen-Palatin et de Konigretz impérial, et d'un bataillon savoyard de Saluces, qu'il surprit dans un replis de la montagne, entre Faron et Artigues. « Ces quatre » bataillons, dit le maréchal de Tessé dans son rapport au » roi, furent troussés et leur camp emporté, leurs bagages » et leurs tentes prises ; un colonel et un capitaine furent » faits prisonniers. Tout ce que les ennemys purent faire » fut de sauver leurs drapeaux et de se sauver eux-mêmes » comme ils purent, la plupart en chemise (1). »

Les colonnes du centre et de droite trouvèrent plus de résistance. Celle du centre, après un combat qui ne dura qu'une demi-heure, chassa les ennemis qui occupaient la hauteur d'Artigues et les rejeta en arrière, sur les premiers escarpements de la montagne : « Nos grenadiers, écrivait » le maréchal, menèrent tambour battant les ennemys » jusqu'au delà de la hauteur. » Celle de droite livra une véritable bataille, dans laquelle intervinrent à un certain moment une partie des brigades de gauche et du centre. Les marins et les grenadiers de la colonne de droite prirent le plateau de la chapelle de Sainte-Catherine comme à l'abordage au milieu d'une grêle de balles et, après un combat vivement disputé, finirent par en rester maîtres, ainsi que des deux canons en batterie à la *bastide* Florent. Les assiégeants se retirèrent en désordre, partie dans leur parallèle et partie sur les terrains couverts de vignes

(1) Une *Relation* écrite par un habitant, dit : « Nos grenadiers en ont » rapporté toutes les tentes, quantité de robes de chambre, d'habits dorés » et de vaisselle d'argent. » Le *Journal du siège*, dit de son côté : « Cette » affaire valut à la brigade plus de trente mille livres. »

des quartiers des Darboussètes et de la Croix de Vidal. Ces derniers furent pris en flanc par M. de Broglie qui, avec quelques compagnies de sa brigade, descendait le revers d'Artigues pour se rapprocher de Sainte-Catherine. Il se jeta au milieu d'eux et les poursuivit dans la plaine, jusqu'au moment où ils se retirèrent « sur un fort plateau » à droite (1) ». En même temps, les assaillants du plateau de la chapelle, maîtres de la position, descendirent la pente orientale de la colline et franchirent l'entrée de la parallèle. Ce fut sur ce point assez étroit qui, du revers est de Sainte-Catherine se prolonge vers le pont de l'Eygoutier, près de l'abattoir communal actuel, que se livra le combat, assez confus du reste, dit du 15 août ou de Sainte-Catherine.

Il y avait là des abris en terre élevés par l'ennemi, des boyaux communiquant avec la parallèle, et surtout deux grandes *bastides* qu'on n'avait démolies qu'à moitié et dans lesquelles s'étaient réfugiés un grand nombre de soldats après l'abandon du plateau. Les alliés résistèrent pendant plus de deux heures, ayant à leur tête le prince de Saxe-Gotha, qui commandait les troupes de service aux retranchements dans cette journée. La lutte se soutenait de part et d'autre avec la plus grande vigueur, lorsque M. de Langeron fit traîner à bras sur le plateau de Sainte-Catherine, par des canonniers de la flotte, sous les ordres de MM. de Court, capitaine de vaisseau, et de Galiffet, capitaine de galère, quatre canons montés sur affûts de marine. Ces quatre canons et les deux pièces abandonnées par l'ennemi à la *bastide* Florent balayèrent le fond de la parallèle et criblèrent de boulets les divers abris fortifiés. Le prince

(1) L'arête rocheuse qui borde la rive gauche de l'Eygoutier et dite *la Barre*.

de Saxe-Gotha demanda des secours au duc de Savoie, qui lui envoya quatre bataillons ; mais ils n'étaient pas arrivés encore lorsque M. de Broglie, qui avait abandonné la poursuite des Allemands réfugiés sur la Barre, revint sur ses pas et culbuta tout ce qu'il rencontra sur son passage. Le prince se vit perdu. Il se défendit avec une rare intrépidité : « Mes amis, dit-il aux officiers et soldats qui » combattaient encore à ses côtés, mourons en gens d'hon- » neur ! Ne souffrez pas qu'on dise que le prince de Saxe- » Gotha a été chassé de son poste de combat ! » Disant ces mots il tomba mort, atteint de deux balles, dont l'une le frappa au-dessous de l'œil gauche et l'autre en pleine poitrine ! C'était un noble prince et un vaillant soldat. Jeune encore, il joignait à beaucoup d'esprit naturel des connaissances peu communes qu'il avait puisées dans l'étude et les voyages. Son corps fut retrouvé enseveli sous les cadavres de ses soldats, qui l'aimaient beaucoup, ce qui fit supposer qu'ils avaient tenté de l'enlever du champ de bataille et qu'ils avaient succombé dans cette tâche généreuse. En même temps que mourait le prince de Saxe-Gotha, le duc de Wurtemberg, qui cherchait à rallier ses troupes prises de panique, fut blessé grièvement et transporté sur un brancard à la Valette, où il expira le lendemain.

Les alliés faiblissaient visiblement et avaient rempli la parallèle de leurs morts. Les quatre bataillons que le duc de Savoie envoyait à leur secours doublèrent le pas, entrèrent en ligne et engagèrent de nouveau l'action. Le feu reprit avec vivacité, mais la batterie de six canons de la Chapelle mit bientôt le désordre dans leurs rangs et la lutte continua avec un avantage marqué pour nous. L'ardeur était si grande, même chez les habitants, « que je » vis, dit l'auteur du *Journal du Siège*, l'affaire n'étant pas

» finie, des femmes donner des secours aux soldats blessés » et porter aux combattants de l'eau-de-vie que les consuls » avoient fait préparer pour eux. »

Il était environ neuf heures du matin et le combat, commencé vers quatre heures, durait encore, lorsque M. de Goësbrian, sur l'ordre du maréchal, fit battre la retraite : « La vivacité de nos troupes, écrivait M. de Tessé au roi, le » 16 août, fut si grande à suivre les ennemys, que je fus » moi-même emporté jusque dans les bas au dessous de » Sainte-Catherine, où j'eus beaucoup de peine à arrêter » les drapeaux, bien que j'eusse ordonné qu'on ne songeât » qu'à se rendre maître des plateaux, à s'y établir et à en » raser toutes les fortifications. » Pendant que nos troupes se logeaient sur le plateau de la Chapelle, une colonne commandée par le prince Eugène se montra dans les vignes, entre Sainte-Catherine et la Malgue, ayant à sa tête un gros de cavalerie. Les remparts et les deux vaisseaux, qui n'avaient pas tiré un seul coup de canon depuis le point du jour, ouvrirent le feu sur elle : « Il me seroit impossible, » dit le *Journal du Siège*, de décrire le désordre que ce feu » mit parmy les gens de cheval, et quoiqu'ils fussent en » partie à couvert de leur parallèle, je les vis rompre et » culbuter les uns sur les autres sans sçavoir quel chemin » ils prendroient. » Et le maréchal, dans son rapport au roi, disait la même chose en d'autres termes : « Nous » voyions avec plaisir les officiers généraux aller et venir » et de grosses colonnes d'infanterie marcher de différents » côtés et trouver partout les incommodités du canon, » tant de nos vaisseaux qui les voyoient en flanc, que de » nos pièces de campagne placées sur les hauteurs, qui les » labouroient à souhait. » Après un moment de désordre, le prince Eugène rallia ses troupes « et se jeta avec l'infan-

» terie dans le chemin creux de la Malgue ». Pendant sa retraite, les batteries du pont de l'Eygoutier tirèrent quelques volées de canon sur le plateau de Sainte-Catherine qui ne nous firent pas grand mal.

Il est probable que si M. de Cadrieux, qui commandait l'attaque de la Malgue, au lieu de n'avoir avec lui que six compagnies de grenadiers et deux cents marins, avait eu les neuf bataillons et les huit compagnies de grenadiers demandés par M. La Blottière, il aurait pu facilement s'emparer des batteries établies sur cette hauteur, dégager le fort Saint-Louis et intervenir en ce moment dans le combat qui se livrait dans la plaine. Les ennemis, pris aux deux extrémités de la parallèle entre les feux croisés des deux corps, auraient été obligés de se retirer en désordre sur la Valette, et on peut se demander quel aurait pu être, dans ce cas, le résultat de la journée pour les assiégeants. Mais M. de Cadrieux n'avait pas été mis en mesure de réussir dans son attaque et échoua complètement. Les positions étaient défendues par une puissante artillerie servie et gardée par de nombreux soldats et, malgré ses efforts et la valeur de ses grenadiers et marins, il ne put qu'opérer une diversion sans influence notable sur l'action générale. « M. de Cadrieux, écrivait le maréchal au ministre, » brave et excellent officier, y trouva si nombreuse compa- » gnie des ennemys, que tout ce qu'il put faire fut de réussir » à une grande diversion (1). » Il aurait pu ajouter que son entreprise, condamnée d'avance, n'avait pas d'autre but.

(1) Le *Journal du Siège* se contente de dire : « A la pointe du jour, » M. de Cadrieux avoit fait son attaque avec beaucoup de bravoure, et » si son détachement avoit été plus considérable, dans l'embarras où se » trouvoient les ennemys, il n'y a pas de doute qu'on ne se fut rendu » maître de toutes leurs batteries. »

Pendant que nos soldats reprenaient possession de la Croix de Faron, de la hauteur d'Artigues et du plateau de Sainte-Catherine, M. de Barville chassait les ennemis du château de Dardennes. Il avait séparé en deux sa brigade et lui avait fait prendre, à minuit, deux différents chemins, à droite et à gauche du château. Son dessein était d'envelopper les ennemis et de les faire prisonniers; mais les bataillons s'étant rencontrés avant le jour sans se reconnaître firent une décharge les uns contre les autres qui coûta la vie à dix de nos soldats. Ils s'aperçurent bientôt de leur erreur et se rejoignirent pour venir aux ennemis qui, ayant entendu le bruit de la fusillade, avaient commencé à plier bagages et à se retirer sur la Valette en prenant le chemin des Favières. M. de Barville les poursuivit vivement, leur tua cinq hommes, parmi lesquels le colonel de cuirassiers Pfatterkon « celui qui tua Vaubecourt (?) », écrivait le maréchal au roi, fit vingt prisonniers et trouva vingt-cinq chevaux abandonnés par les fuyards dans les écuries du château. Le résultat le plus heureux de cette expédition fut qu'on reprit possession du canal des eaux des moulins, que les ennemis avaient rompu et qu'on rétablit, ce qui permit à la ville de s'approvisionner de farine, dont elle était sur le point de manquer.

Le maréchal fit raser les retranchements, détruire les batteries, brûler les fascines, et, avant midi, les troupes rentraient au camp de Sainte-Anne. M. de Tessé, dans son rapport au roi, et l'auteur du *Journal du Siège* s'accordent sur le chiffre de douze cents ennemis tués ou blessés (1). Les prisonniers étaient au nombre de deux cents, parmi

(1) M. La Blottière porte le nombre des morts à près de mille : « Dans » cette expédition, dit-il, les ennemys perdirent près de mille hommes. »

lesquels deux colonels et six officiers. Les rapports n'accusent de notre côté que cent quatre-vingts tués, ce qui semble au-dessous de la vérité (1). Parmi les officiers tués se trouvaient MM. du Veuil, enseigne de vaisseau, et Isnardon, de Toulon, capitaine de frégate. Les officiers blessés furent MM. de Montsoreau, maréchal de camp, du Cheylas, capitaine de grenadiers, et de Galiffet, capitaine de galère. M. de la Balme, capitaine de galiote, eut un bras emporté par un boulet. Transporté chez lui et amputé, il mourut tragiquement quelques jours après dans son lit des éclats d'une bombe qui mit le feu à la maison qu'il habitait. Avant d'évacuer le plateau de Sainte-Catherine, ordre fut donné de ramasser les blessés ; ce fut l'auteur du *Journal du Siège* qui fut chargé d'organiser ce service. « M. de » Saint-Paters, dit-il, m'ordonna de songer aux blessés. » Les portefaix de la ville, que j'assemblois pour cela, ne » furent pas les seuls qui furent employés à cette occasion ; » il s'y mêla grand nombre de bourgeois qui s'aidèrent à » porter les blessés à la place d'armes du chemin couvert » de la porte Saint-Lazare, où on leur mettoit le premier » appareil, et de là on les transportait à l'hôpital de la » Charité. »

Le maréchal de Tessé, quoique âgé de 70 ans, et M. de Goësbrian déployèrent le plus grand sang froid pendant tout le temps que dura l'action. On les vit constamment à

(1) Plusieurs habitants furent tués en portant à boire aux combattants et aux blessés, entr'autres un sieur Valette, maître savonnier, qui eut la tête emportée par un boulet à la chapelle Sainte-Catherine, et un sieur Decormis, maître menuisier, trouvé mort à l'ouverture de la tranchée, de deux coups de feu, dans le bas ventre et à la cuisse gauche, « lequel fut enseveli dans le jardin, au devant de la bastide Florent ». *Acte aux archives du notaire Ferran. Etude de maître Couret.*

cheval, au premier rang parmi les soldats, partout où le danger était le plus imminent. Les ennemis rendirent pleine justice à leur courage. Le prince de Hesse passant à Fréjus, quand les alliés se retiraient sur le Var, dit au père Charonnier, supérieur des Jésuites : « Si vous voyez M. le » maréchal et M. de Goësbrian, faites-leur mes compli- » ments. Je les reconnaîtrois entre mille sans les avoir » jamais vus, excepté qu'à l'affaire du 15 ils étoient tous » deux habillés d'un camelot gris blanc, et l'un avoit une » perruque fort blanche et l'autre fort noire. »

Dans l'après-midi du 15 août, le maréchal convoqua un conseil de guerre pour décider s'il fallait se maintenir dans les positions reconquises. Il semble qu'à l'unanimité il fut résolu qu'elles devaient être abandonnées comme n'étant pas tenables. Nous avons à ce sujet l'opinion du comte de Dillon, que nous trouvons dans le *Journal du Siège*. « Je lui » demandois aussi (à M. de Dillon), dit l'auteur, la raison » qui avoit fait abandonner à nos troupes les hauteurs de » Sainte-Catherine quelques heures après qu'elles eussent » été emportées; il me dit qu'on avoit tenu conseil à ce » sujet et que son opinion avoit été suivie, parce que pour » garder ces retranchements il falloit y avoir jour et nuit » 6,000 hommes, auxquels il falloit porter de l'eau, et que » les alliés ne seroient pas si mal avisés de s'y établir, ayant » éprouvé à leurs dépends la facilité avec laquelle ils avoient » été chassés. » De son côté, le maréchal, dans son rapport au roi, exprimait en ces termes les motifs qui avaient conduit à abandonner ces positions, et on verra qu'il ne se dissimulait pas les critiques que devaient soulever les déterminations prises :

« ..... J'avais pour objet de voir si en chassant les enne- » mys de la Croix-de-Faron et des plateaux l'on pourroit

» s'y maintenir. La hauteur de Sainte-Catherine (d'Artigues) » n'est soutenable qu'en tenant la Croix-de-Faron, et cette » Croix-de-Faron, dont on a tant parlé, n'est soutenable que » quand on est maître de la Valette, parce que dudit la » Valette on y est quasi de plain-pied et que de Sainte-» Catherine il y a pour plus d'une heure et demie à marcher » par un chemin de chèvres. En un mot, Sire, pour soutenir » l'un et l'autre il eut fallu porter la moitié de l'armée à la » Croix-de-Faron, où il n'y a point d'eau du tout, et les » hauteurs de la Malgue étant supérieures à celles de la » Chapelle, il est certain que desdites hauteurs le camp » qu'il auroit fallu faire à Sainte-Catherine eût été exposé » au canon. »

« Je ne rends compte de cela à Votre Majesté que pour » répondre à l'objection que pourroient faire ceux qui, ne » connaissant ni les moyens, ni la privation totale d'eau, » diront : puisqu'on a repris la Croix-de-Faron et le plateau » de Sainte-Catherine, pourqu'oy ne s'y tient-on pas ? Et » moy je réponds sans approfondir davantage la matière » que cela est impossible. »

« Je n'oublierai rien, Sire, pour entretenir le concert entre » la marine et la terre, et j'espère que nous sortirons tous » de tout cecy assez contents les uns des autres. »

Les troupes et les habitants étaient dans la joie la plus grande, et comme le fort Saint-Louis tenait encore et qu'on croyait qu'il en était de même de celui de Sainte-Marguerite, on espérait que la ville n'aurait pas à souffrir d'un bombardement. Il n'en fut pas ainsi. Le même jour, 15, vers 5 heures du soir, les ennemis commencèrent à jeter des bombes dans la place, de la batterie qu'ils avaient dressée au-delà du pont de l'Eygoutier. La deuxième bombe tomba sur une petite maison de la rue de la Visitation et y mit le feu ; la quatrième défonça la toiture et ruina une maison voisine appartenant à un commissaire de la marine. L'alarme se mit dans la ville. On retira pendant la nuit les poudres des magasins et on les mit sur des tartanes qu'on remorqua au fond de la rade, dans le golfe de la Seyne. Le maréchal qui, quelques jours auparavant, avait fait publier un ban par lequel il était ordonné aux femmes de sortir de la place ne fut obéi que lorsque les bombes commencèrent à tomber un peu partout. « Elles s'étouffaient à la porte Neuve, dit le » *Journal du Siège*, pour gagner les champs ; il y en eut » plusieurs qui se retirèrent dans l'arsenal et d'autres aux » extrémités du quartier neuf. Les bastides, qui avoient été » abandonnées et presque toutes ruinées, commencèrent » d'être habitées ; plusieurs bourgeois dressèrent des tentes » avec des draps de lit, s'y retirèrent avec leur famille et » formèrent un troisième camp entre celui de Missiessy et » celui de Sainte-Anne. Les bataillons qui formoient la » garnison reçurent l'ordre de quitter la ville et de camper » dans les fossés. » Le bombardement continua une partie de la nuit.

Le 16, à la pointe du jour, six nouveaux mortiers, que les ennemis avaient mis en batterie, et tous leurs canons, du pont de l'Eygoutier à la Malgue, ouvrirent le feu en même temps. Notre artillerie y répondit avec vigueur. Vers six heures, une bombe tomba sur l'évêché, éclata dans une salle attenante à la chambre à coucher de l'évêque, brisa la cloison et une des colonnes du lit dans lequel le prélat reposait et blessa son valet de chambre. Le marquis de Chalmazel accourut sur le champ, mais on avait déjà transporté Mgr de Chalucet dans la sacristie de la cathédrale, où s'étant habillé, il s'avança vers l'autel et rendit grâces à Dieu. Le même jour, on apprit par un parlementaire ennemi que le fort Sainte-Marguerite s'était rendu. « Dans la journée, dit l'auteur du *Journal du Siège*, j'étois » assis sur le garde-fou du pont-levis de la porte Saint- » Lazare, lorsqu'une sentinelle de l'avancée présenta un » tambour des ennemis à M. le gouverneur, qui me dit » d'en voir le passeport, qui étoit écrit de la main du prince » Eugène, en ces termes : Le tambour qui va aux » ennemys est pour savoir d'eux s'ils veulent faire l'échange » de leurs prisonniers faits au fort Sainte-Marguerite, qui » s'est rendu, la garnison étant prisonnière de guerre, avec » ceux qu'ils ont faits à Sainte-Catherine. On demande » encore si on veut accorder au colonel de Viademont la » permission d'aller au camp sur parole, pour y régler » quelques affaires de son régiment. Voilà ce que conte- » noit le passeport qui nous apprit la reddition de Sainte- » Marguerite, qu'on ne savoit pas encore. M. de Chalmazel » m'ayant ordonné de faire conduire ce tambour à M. le » maréchal et de lui présenter son passeport, je pris le » chemin de la porte Royale pour me rendre à Missiessy, » où étoit le maréchal. Ayant lu le passeport du tambour, il » écrivit lui-même sur le revers : On consent à l'échange » des prisonniers. Il est permis au colonel de Viademont » de s'en retourner au camp des ennemys quand il lui » plaira, et lorsque on connoît l'écriture du prince Eugène, » il faudroit que la chose fut bien difficile si on ne l'accor- » doit pas. »

M. de Grenonville épuisé par le feu de l'ennemi et n'ayant plus, depuis vingt-quatre heures, une seule goutte d'eau dans la citerne du fort, avait, en effet, capitulé. « J'ay » appris aujourd'huy, écrivait le maréchal de Tessé au » ministre, le 16 août, qu'on a pris Sainte-Marguerite, faute » d'eau. M. de Grenonville, capitaine de frégate et cousin

» de M. de Vauvré, y commandoit, ayant avec luy M. du » Chastelier, lieutenant de vaisseau, cinquante sergents ou » soldats, soixante hommes de milices, un maître canon- » nier, huit canonniers et trente-deux matelots. J'ay assez » de prisonniers pour les échanger, car puisque nous tra- » vaillons pour la marine, je ne feroy nulle difficulté » d'écouter aux propositions d'échange qu'on pourra me » faire. » Et il ajoutait : « Notre petit fort Saint-Louis tient » encore et l'on ne sauroit trop louer la fermeté du sieur » Daillon, capitaine dans Vexin, qui y commande. Il est » rudement attaqué par mer et par terre. Il m'a mandé » qu'il tiendroit encore aujourd'huy et peut-être demain. » Aujourd'huy, 16 août, les ennemys ont jeté une centaine » de bombes dans la ville. Elles ont écrasé quelques may- » sons et mis le feu à quelques autres. »

Le 17 août, la ville était presque déserte. Au dire de l'auteur du *Journal du Siège*, il ne s'y trouvait plus que les trois consuls, les quatre capitaines de quartier, quelques officiers de la bourgeoisie et quelques marchands. Plusieurs bombes tombèrent dans le quartier Saint-Jean. A l'entrée de la nuit, le feu prit aux environs du couvent des Minimes et trois maisons furent incendiées. Cet embrasement attira sur ce point toute l'artillerie de l'ennemi et le quartier en souffrit beaucoup. Le lendemain, 18, le capitaine Daillon fut battu toute la journée par les canons de la Malgue et ceux de sept vaisseaux qui, depuis la capitulation du fort Sainte-Marguerite, pouvaient s'approcher du fort Saint-Louis en suivant la côte. Une énorme brèche avait été ouverte et la plate-forme n'étant plus soutenue s'était en partie effondrée. Le vaillant capitaine et M. de Cauvières, son lieutenant (1),

(1) « M. de Cauvières Saint-Philippe ne cessoit de faire feu, quoiqu

résolurent d'évacuer la place. Ils firent enclouer leurs canons, tant ceux qui étaient encore montés sur affûts que ceux qui gisaient par terre, allumèrent une mèche qui communiquait avec la poudrière et, à minuit, se retirèrent sur la Grosse Tour avec ce qui leur restait de garnison. Ce jour-là le feu des ennemis contre la ville fut incessant. Les quelques commerçants qui avaient jusqu'à ce moment tenu leurs magasins ouverts les fermèrent, à l'exception des bouchers, des boulangers et des marchands de vin. On ne voyait dans les rues que de rares habitants qui se hâtaient de faire leurs provisions indispensables, des escouades de canonniers allant aux bastions ou en revenant, et des cavaliers d'ordonnance portant des ordres au galop de leurs chevaux. Les consuls furent forcés de quitter l'hôtel de ville, dont les avenues étaient enfilées par les boulets ennemis; ils se logèrent au collège de l'Oratoire, où le lendemain une bombe tomba sur la toiture, sans causer d'autres dommages que des dégâts matériels.

Les alliés n'avaient repris possession ni de la Croix-de-Faron, ni d'Artigues, ni de la chapelle Sainte-Catherine : il devenait certain que la pensée de faire le siège de la ville était abandonnée et qu'ils ne procédaient plus qu'à un bombardement destiné à couvrir leur retraite prochaine. Le maréchal, qui craignait qu'ils ne fissent une apparition en forces du côté de Brignoles, envoya à M. de Midavy

» sa batterie fut à demi ruynée. Ce jeune homme, blessé grièvement le 6 » août, refusa de se faire transporter à la Grosse Tour, malgré les ins- » tances de M. Daillon. Les canonniers étoient obligés de le soutenir à » bras quand il vouloit parcourir la batterie. Le 9 août, un officier » piémontois étant venu sommer le fort, M. de Cauvières dit à » M. Daillon : « Commandant, il n'y a qu'une réponse à faire, c'est que » nous avons encore de la poudre. » *Notes du chevalier* BERNARD.

deux brigades de renfort et un régiment de dragons qui était campé au Beausset.

Le 19, le vent du nord-ouest, qui avait régné presque constamment pendant le mois d'août et souvent contrarié, utilement pour les assiégés, les opérations de la flotte, souffla de nouveau avec une violence extrême. Les galiotes à bombes essayèrent de doubler le Cap-Brun pour venir s'embosser sous la Malgue et bombarder le port et la ville ; elles ne purent y réussir et, finalement, regagnèrent le mouillage des îles d'Hyères. Ce fut à ce moment surtout qu'on eut à se repentir d'avoir renvoyé les galères à Marseille. On écrivit à M. des Roye pour hâter son retour ; mais le mauvais état de la mer, peut-être aussi la présence d'un certain nombre de vaisseaux mouillés dans le golfe de La Ciotat, retardèrent leur départ et elles n'arrivèrent que le jour de la levée du siège. On remarqua le 19 que le feu des ennemis fut moins vif que la veille ; on l'attribua à la violence du mistral, mais le soir on apprit par des déserteurs que la raison en était qu'ils avaient commencé à retirer des pièces de leurs batteries pour les embarquer à la plage de la Garonne.

Le 20, on se rendit mieux compte de ce qui se passait dans les retranchements des alliés. Il n'y eut plus que quatre canons qui continuèrent le feu et on vit distinctement, du haut du clocher de la cathédrale, la foule de soldats qui s'agitaient dans les replis de la hauteur de La Malgue pour retirer les canons des batteries. La Ponche-Rimade, le bastion des Minimes, les deux vaisseaux embossés dirigèrent leur tir de ce côté, avec assez de succès pour interrompre plusieurs fois les travaux et forcer les travailleurs à se mettre à l'abri sur le revers sud de la hauteur. Le feu cessa presque complètement pendant la nuit. Le lendemain de bonne heure, le vent soufflant moins fort, six galiotes vinrent mouiller dans l'anse du fort Saint-Louis et, vers midi, commencèrent à jeter des bombes sur la ville. La première tomba à deux cents toises environ au delà de la porte Royale ; mais les ennemis ayant rectifié leur tir, les autres ne dépassèrent pas l'arsenal et le quartier neuf, qui souffrit beaucoup. Vers le soir, le bombardement sembla redoubler d'activité et le feu prit, dans la darse neuve, à deux petits vaisseaux qu'on avait eu l'imprudence de ne pas couler : *Le Sage* et *Le Fortuné.* On travailla toute la nuit à les éloigner des vaisseaux voisins qui, quoique submergés, avaient cependant leur batterie haute hors de l'eau. On ne put préserver entièrement *Le Diamant* de l'incendie, qui s'éteignit de lui-même après que son pont eut été complètement consumé.

Dans cette nuit du 21 au 22 août, de nombreuses escouades de soldats et de marins débarqués à la Grosse Tour dressèrent une batterie sur le mamelon qui la domine et commande l'anse du fort Saint-Louis. Le 22, dès la pointe du jour, elle commença à tirer sur les galiotes qui, vers midi, se retirèrent et gagnèrent le mouillage des îles d'Hyères. Le siège était virtuellement levé et le bombardement par mer semble n'avoir eu d'autre but que de favoriser, par une diversion, l'évacuation des batteries. Des détonations non suivies d'effet s'étaient fait entendre dans la matinée au pont de l'Eygoutier, entre celui-ci et la hauteur de la Malgue et derrière la chapelle Sainte-Catherine. C'étaient les bombes que les ennemis n'avaient pas voulu réembarquer et qu'ils faisaient éclater pour ne pas les laisser entre les mains des assiégés. Vers midi toutes les positions étaient abandonnées et l'armée alliée se concentrait sur la grande route, entre La Valette et Solliès.

pendant que les équipages des vaisseaux embarquaient les derniers canons et mortiers dans le golfe de la Garonne. Quelques heures après, M. de Chalmazel et son aide-de-camp, l'auteur du *Journal du Siège*, visitèrent à cheval les lignes ennemies, depuis le plateau de la chapelle Sainte-Catherine jusqu'à la hauteur de la Malgue, en passant par le pont de l'Eygoutier. Ils trouvèrent quinze pièces de canon en fer, oubliées ou négligées dans la précipitation de la retraite, un grand nombre de boulets et d'outils de terrassiers. Ils se rendirent ensuite auprès du maréchal pour le féliciter, et de là sur le côteau de Claret, au-dessus du camp retranché de Sainte-Anne, à la maison de campagne d'un sieur Catelin, commissaire de marine, qu'habitait le comte de Grignan. « Je fus témoin, dit l'auteur » du *Journal*, de la joie que le comte fit paroitre en voyant » les projets des ennemys si honteusement terminés. » On découvroit de cette bastide leur flotte qui s'étendoit » de Sainte-Marguerite au cap Sépet. Une partie des vais- » seaux étoit à la voile, mais le calme ne leur permettoit » pas de faire route. Le comte de Grignan monta à cheval » pour venir à la ville. Il témoigna en chemin être très » touché du triste état où les habitants étoient réduits, y en » ayant très peu qui n'aient perdu tous leurs biens, et il se » rendit à l'église des Jésuites pour y rendre grâce à Dieu » de la conservation de la place. »

Les alliés avaient perdu pendant le siège plus de huit mille hommes (1). Ils reprirent la route du Var, non sans

(1) « Lorsqu'ils sont arrivés à Toulon, leur armée étoit composée de » plus de 40,000 hommes, et quand ils s'en sont allés, ils n'étoient plus » guère de 32,000, et de leur propre aveu ils ont perdu plus de 8.000 » hommes, tant tués que blessés. » *Réflexions*.. .., etc., par M. La Blottière.

un certain désordre inséparable d'une retraite précipitée. Le maréchal ne fit rien pour les inquiéter et laissa à l'initiative des populations rurales le devoir, qu'elles accomplirent du reste impitoyablement, de faire une guerre sans merci à tous les isolés ou retardataires. Il sembla que, dès le premier jour, il prévoyait que sa décision, de laisser rentrer le duc de Savoie dans ses Etats sans tenter de le poursuivre et de livrer bataille à son armée découragée et en désarroi, allait soulever des commentaires et faire naître des soupçons, et il s'efforçait d'y répondre d'avance dans une lettre qu'il écrivait le 22 août à M. de Chamillard :

« ..... Je n'ay, lui disait-il, que les dragons de Caylus et » du Dauphiné pour les suivre. Les équipages de toute » notre infanterie ne sçauroient être icy de quatre jours, » car ils sont à Arles, seul lieu où il y ait de la subsistance. » Malgré toutes les précautions de M. Dangevillier et de » M. Lebret, qui ont fait distribuer plus de quatre mille » paires de souliers, il y a un tiers des troupes qui en » manquent, et proposer à un officier, de quelque bonne » volonté qu'il soit, d'en acheter, il vous fait voir qu'il n'en » a pas pour luy. Je ne puis m'empêcher de vous dire » qu'après avoir vendu jusqu'à leur cuiller et leur four» chette, ils vont à pied comme leurs soldats et dans une » misère qu'il faut voir pour la croire. »

Il y avait là des exagérations évidentes. Le ministre ne fut pas convaincu de l'impossibilité où se trouvait le maréchal de poursuivre les ennemis et de leur infliger une suprême défaite Il lui écrivait quelques jours après ces mots durs quoique déguisés sous une formule de cour : « Votre ami le duc de Savoye, car le peuple de Paris veut » absolument que vous soyés d'intelligence avec luy, cet » ami de distinction doit avoir grand sujet de se plaindre de

» la vivacité avec laquelle vous vous êtes opposé à l'exécu» tion de ses projets. Je voudrois que dans ses bonnes » grâces il eût encore plus de sujet de se plaindre de vous » dans sa retraite (1) ». L'opinion publique fut cruelle pour le maréchal et, comme toujours en pareil cas, mit souvent plus de passion que de justice dans ses accusations. On l'accusa d'avoir eu, pendant le siège, de fréquentes entrevues, la nuit, avec le duc de Savoie, dans une *bastide* aux avant-postes, ce qui était absolument faux et matériellement impossible; d'avoir envoyé tous les jours de la glace au quartier général ennemi, ce que démentent ses rares et courtes apparitions à Toulon; enfin d'avoir fait passer au prince Eugène un surtout de table commandé depuis longtemps à Paris, et que le fournisseur n'avait pu encore lui faire parvenir, ayant trouvé toutes les frontières fermées devant lui. Ainsi présenté, ce fait n'est pas même exact. La vérité est que le maréchal reçut le 12 août, par un parlementaire, une lettre du prince Eugène le remerciant de l'achat à Paris d'un surtout de table et le priant de le lui faire tenir à Turin. Voici ce que dit l'auteur du *Journal du Siège* de cet épisode si fort commenté et exagéré par certains écrivains : « Le 12 » août, un tambour des ennemys apporta une lettre du prince » Eugène pour le maréchal de Tessé. Elle me fut remise » et la portois au maréchal, qui faisoit la visite du dehors. » Dèsque j'eus pris le chemin pour le joindre, j'aperçus que » les ennemys tiroient le canon à Sainte-Catherine et je » jugeois que cette fête se faisoit pour M. le maréchal. Je ne » me trompois pas, puisqu'un des boulets avoit donné dans » sa troupe, sans toucher personne. J'eus l'honneur de lui

(1) De Rambuteau, *Correspondance du maréchal de Tessé avec la duchesse de Bourgogne.*

» rendre la lettre, qui contenoit une réponse que lui faisoit » le prince Eugène, le remerciant d'une commission dont » il l'avoit prié : c'étoit au sujet d'un surtout de table. Il lui » marquoit de le lui faire tenir à Turin, d'autant qu'il ne » savoit pas où il seroit dans un moys, ajoutant que les » hommes faisoient souvent des projets et que la Providence » décidoit des évènements. Cette lettre étoit très civile et » finissoit par ces termes : Je suis avec soumission votre » très obéissant serviteur. » L'achat du maréchal, remontant certainement déjà à une époque assez éloignée, d'un surtout de table pour le prince Eugène, et l'acte de le lui faire parvenir à Turin ne laisseraient pas que d'être taxés aujourd'hui de trahison dans le langage des foules; mais ils ne comportaient pas dans les idées militaires de l'époque une interprétation pareille. Il n'était pas rare aux XVIIe et XVIIIe siècles, de voir les généraux et les officiers de deux armées ennemies en présence, échanger, entre le combat de la veille et celui du lendemain, des formules de politesse et de courtoisie dont nous n'avons plus qu'un lointain souvenir.

Il n'y avait là que des accusations fausses et ridicules. Ce qu'on a le droit de reprocher au maréchal de Tessé, et ce qui le condamne, c'est, dans la sortie du 15 août, de n'avoir pas voulu attaquer la hauteur de la Malgue avec des forces suffisantes pour s'en emparer, et, cette faute grave commise, d'avoir laissé, quelques jours après, s'accomplir librement la retraite du duc de Savoie sur le Var.

Pour ce qui concerne l'attaque de la hauteur de la Malgue, c'était, semble-t-il, le sentiment général autour de lui que si cette position avait été enlevée, on prenait à revers les lignes de retranchements ennemis et on dégageait le fort Saint-Louis qui, seul, pouvait empêcher les galiotes anglaises à bombes de se rapprocher de l'entrée de

la rade. De ce fait, les alliés devaient être écrasés entre nos troupes et le canon de la place, et la ville échappait au bombardement. Nous avons déjà vu M. La Blottière consigner les regrets qu'il éprouvait qu'on n'eut pas suivi ses indications dans cette circonstance, et écrire, le 23 août, dans ses *Réflexions* : « Si on avoit en même temps attaqué » la montagne de la Malgue, les ennemys auroient » décampé le même jour ; » et en marge de la copie du plan de sortie remis au maréchal : « Il n'y a eu qu'une fausse » attaque à la montagne de la Malgue, mais il est certain » que si on avoit suivi le détail ci-joint qu'on auroit réussi. » D'autre part, on lit dans le *Journal du Siège :* « ..... La » plupart des généraux assemblés en conseil de guerre » avoient opiné de faire les principaux efforts contre les » batteries de la Malgue, mais l'avis contraire de l'un » d'eux (?) prévalut. Il soutint vivement que les approches » en étoient fort difficiles, et qu'à moins de vouloir exposer » et l'armée et la place à un danger évident, on ne pou- » voit entreprendre de chasser les ennemys de cet endroit, » ce qui fit qu'on s'en tint à une fausse attaque. Les » Brandebourgeois, au nombre de six cens, étoient campés » à cette hauteur ; le prince Eugène surveilloit leurs mou- » vements pour prendre son parti, et il est certain que ce » jour là même l'armée des alliés auroit abandonné son » camp avec précipitation, si ce poste avoit été emporté.....
» Ayant été envoyé en service, le 15, auprès de M. de » Dillon, je pris la liberté de lui faire quelques questions » sur le combat qui venoit d'être donné et de luy dire que » j'aurois cru qu'il y auroit eu une affaire générale. Il me » répondit qu'ayant vu avec quelle valeur nos grenadiers » avoient culbuté les ennemys, il n'auroit pas douté de leur » entière défaite, si toutes nos troupes avoient donné ; mais

» que M. de Cadrieux n'avoit pas assez de monde avec luy.
» Je présumois par là que l'attaque de la Malgue auroit dû
» être faite avec un gros détachement, au lieu de la fausse
» que M. de Cadrieux avoit ordre de faire. »

En réalité, le rejet par le maréchal de la proposition de M. La Blottière, consistant en une attaque décisive de la hauteur de la Malgue, proposition approuvée en conseil par tous les généraux, à l'exception d'un seul, dont on nous tait le nom, mais assez autorisé pour que son opinion prévalût, semble avoir été considéré comme une faute grave par les officiers chargés de la défense, dont l'opinion est arrivée jusqu'à nous. S'il n'y eut, en effet, dans cette circonstance, qu'une erreur d'appréciation et de tactique militaire de la part du maréchal, sa réputation d'homme de guerre doit seule en souffrir; mais s'il y eut chez lui une détermination réfléchie, prise dans le but de sauvegarder l'orgueil du duc de Savoie, en lui facilitant une retraite devenue nécessaire, au lieu de lui infliger une défaite irrémédiable, son honneur doit en supporter l'entière responsabilité, car elle a eu pour conséquence le bombardement de la ville, qu'il avait le devoir non seulement de sauver, mais encore de protéger.

Quant à ce qui se rapporte à l'inertie que le maréchal montra dans la poursuite du duc de Savoie au moment de la levée du siège et pendant sa retraite sur la route du Var, elle apparaît comme une conséquence naturelle de son opposition à la prise de la hauteur de la Malgue. Cet abandon de soi-même au lendemain d'une victoire, ce parti pris de laisser les ennemis se retirer sans être inquiétés, quand il avait sous la main une armée encore toute frémissante du succès qu'elle venait de remporter, ont toujours contenu pour les historiens un inconnu qu'ils ne sont jamais parvenus à dégager. Le ministre de la guerre, seul, avait pénétré les pensées secrètes du maréchal, et nous l'avons vu, en effet, opposer, dès le premier jour, aux faibles raisons qu'il donnait pour masquer son inaction, les liens d'amitié qui l'unissaient au duc de Savoie et l'influence qu'ils exerçaient sur ses décisions. Depuis la publication récente par M. de Rambuteau, de la *correspondance du maréchal de Tessé avec la duchesse de Bourgogne*, il ne saurait plus y avoir de doute sur le mobile qui le faisait agir. Le maréchal, qui fut toujours bien plus un homme de cour qu'un homme de guerre, avait joué un rôle apparent dans les négociations du mariage du duc de Bourgogne avec la fille du duc de Savoie, et, depuis ce moment, il était resté le plus intime courtisan et le plus *fidèle domestique*, comme il aimait à le lui écrire, de la jeune duchesse de Bourgogne, auprès de laquelle il remplissait les fonctions de premier et grand écuyer (1). Pendant tout le temps qu'il fut à la tête d'un corps d'armée, en Espagne comme dans les Alpes, il ne cessa d'entretenir avec elle une correspondance active, moitié politique, moitié mondaine, dans laquelle il se montrait aussi galant et original écrivain que serviteur habile à s'entretenir dans les bonnes grâces de sa royale protectrice. Il serait difficile d'admettre que le maréchal, dans les conditions où il se

(1) Dans ses ordres généraux, qui sont en assez grand nombre aux *Archives communales de Toulon*, M. de Tessé s'intitulait : René, sire de Froullay, comte de Tessé, vicomte de Beaumont, marquis de Lavardin, etc., maréchal de France, Grand d'Espagne, chevalier des trois ordres du Roy, son lieutenant-général dans les provinces du Maine et du Perche, gouverneur d'Ypre, premier et grand écuyer de Madame la duchesse de Bourgogne, généralissime des armées du Roy sur les frontières d'Italie.

trouvait vis-à-vis la duchesse de Bourgogne, ait pu jamais se montrer un ennemi inexorable du duc de Savoie, son père ; et ainsi peut-on expliquer que si, comme général en chef, il accomplit tous ses devoirs militaires dans la défense de Toulon, il calcula tous ses actes pour ne retirer de ses succès que le résultat immédiat de la levée du siège et épargner au duc de Savoie une défaite éclatante, suivie peut-être d'un effroyable désastre.

La correspondance du maréchal avec le ministre nous permet de le suivre jour par jour depuis la levée du siège jusqu'au 3 septembre. Il quitta Toulon le 23 août, avec deux régiments de dragons et quelques compagnies de grenadiers, alors que l'armée des coalisés avait déjà dépassé Pignans, ayant tout brûlé sur son passage. Il arriva le soir à Cuers et abandonna la grande route royale pour se jeter sur la gauche et se porter à la rencontre de M. de Médavy. Le 25, il était entre Besse et Flassans ; le 26, à Lorgues et le 27, à Draguignan. Ce même jour, les alliés passaient le Var. Le 1er septembre, il arrivait à Cagnes et le 3, à Antibes. Il revint, sans avoir vu une seule fois les ennemis, d'Antibes à Toulon, pour faire marcher le gros de ses troupes sur les Alpes, par les routes montagneuses de Riez, Sisteron et Barcelonnette, alors que, huit jours avant, elles manquaient, disait-il, de souliers et d'équipages pour poursuivre l'armée en retraite dans la plaine. Quant il parut dans les Alpes, les coalisés occupaient déjà les principaux points stratégiques et les passages les plus importants de ces hautes régions. M. de Chamillard, très irrité des lenteurs et des fausses manœuvres du maréchal, lui écrivait à ce propos : « Vous ne pouviés avoir d'autre » objet, après avoir délivré Toulon et la Provence, que de » conserver Suze et Fenestrelles. Les ennemys avoient au

» moins autant de chemin que vous pour y arriver (1). » Le roi et le ministre, malgré l'influence qu'exerçait la jeune duchesse de Bourgogne sur l'esprit du vieux monarque, résolurent de frapper le maréchal. Il fut rappelé à Paris et mourut quelques années après, loin de la cour et en pleine disgrâce.

La ville et son territoire avaient cruellement souffert. Les consuls firent procéder au dénombrement des maisons de la ville et de la campagne ruinées par le feu de l'ennemi ou abattues dans l'intérêt de la défense. Le résultat fut quatre cents habitations rurales démolies, soit par ordre de M. de Saint-Pater, soit par les assiégeants, et deux cents maisons incendiées ou plus ou moins endommagées par les bombes et les boulets (2). Toutes les terres qui s'étendaient de Toulon à la Valette, à la Garde et à Sainte-Marguerite ne présentaient plus qu'un vaste champ de désolation : les *bastides* n'étaient plus qu'un amas de décombres, les oliviers avaient été coupés, les vignes arrachées, et, de ce fait, les récoltes d'huile et de vin taries pour un grand nombre d'années. « L'aspect de la ville étoit navrant, dit l'auteur » du *Journal du Siège*. Quand les habitans revinrent, non » seulement ils ne trouvèrent plus leurs maysons, mais ils » ne reconnurent plus même l'emplacement où elles avoient » été. Ce qui fut épargné par les bombes fut pillé et boule- » versé par les soldats, malgré la vigilance du gouverneur. » Non seulement les habitans de la ville rentrèrent, mais » aussy les habitans des villages incendiés par l'ennemy. » Mgr l'évêque fit de grandes aumônes et sauva bien des » gens de la faim. »

(1) De Rambuteau. *Ouv. cit.*

(2) M. La Blottière porte le nombre des maisons rendues inhabitables par l'incendie ou les écroulements à cent cinquante environ.

Les consuls adressèrent une supplique à M. de Chamillard pour obtenir des secours. Celui-ci leur répondit de Fontainebleau, le 14 septembre, que le roi connaissait toute l'étendue des pertes éprouvées par les habitants et qu'il l'avait chargé d'écrire à M. Lebret, intendant de Provence, pour qu'il décidât avec eux de ce qu'il y avait de plus à propos de faire pour leur soulagement, « en fesant, néammoins, » attention que Sa Majesté étant déja chargée des dépenses » de la guerre, qui sont immenses, il luy seroit impossible » de prendre sur Elle les secours dont vous avès besoin. » En réalité, l'Etat se désintéressait de toute indemnité et laissait à la province le soin d'y pourvoir si elle le pouvait. Mais la province était ruinée et accablée de charges et ne put émettre que des vœux stériles et impuissants. En désespoir de cause, les consuls demandèrent le rétablissement d'une foire accordée par Henri IV en 1596 et supprimée ensuite. Leur demande fut favorablement accueillie et la foire rétablie par lettres patentes du 23 décembre 1708.

Le maire-consul Flamenq obtint, à la suite du siège, des lettres de noblesse, le roi ayant voulu récompenser en lui le dévouement et les actes civiques de la population. M. de Brissac, aide-major de la place, blessé d'un éclat de bombe, fut nommé major, en remplacement de M. de Guilloire, mort sur ces entrefaites. M. de Grenonville, capitaine de frégate, qui s'était fort distingué dans la défense de Sainte-Marguerite, fut nommé capitaine de vaisseau, et M. de Cauvières Saint-Philippe, qui, au fort Saint-Louis, avait montré un courage qui touchait à l'héroïsme, capitaine de brûlot. Le sieur Daillon reçut la croix de Saint-Louis et une pension de mille livres. Le conseil de ville, voulant honorer la fermeté déployée par Mgr de Chalucet pendant le siège et rappeler à la postérite ses actes nombreux de bienfaisance et de charité, décida qu'une plaque de marbre noir, portant une inscription commémorative, que M. Ferrand, deuxième consul, fut chargé de rédiger, serait placée dans une des salles de l'hôtel de ville, où elle existe encore. Le 23 juin 1708, ce modeste monument fut inauguré. L'inscription, en lettres d'or, portait :

ARMANDO-LUDOVICO-BONNIN
DE CHALUCET

EPISCOPO TOLONENSI

Quod urbe, terra mari que, a Germanis, Anglis, Batavis et Sabaudis obsessa ; inter missiles hostium ignes et disjectæ domus ruinas, intrepidus, optimates consilio et exemplo firmavit ; plebem frumento et pecunia juvit. Consules et civitas Tolonensis, post depulsos hostes, grati animi monumentum.

P. P.

ANNO MDCCVII. (1)

En France, dit-on, tout finit par des chansons; peut-être cela est-il encore plus vrai de la Provence. Après la retraite du duc de Savoie, la verve méridionale s'exerça malignement contre lui et ses alliés, et enfanta une grande quantité de chansons, en langage populaire surtout. Devize, dans son *Histoire du siège de Toulon*, en a donné plusieurs, sans doute les meilleures, qui ne font pas regretter les

(1) Alors que la ville était assiégée par terre et par mer par les Allemands, les Anglais, les Hollandais et les Savoyards; intrépide parmi les bombes des ennemis et les ruines de son palais, il soutint les chefs de la ville de ses conseils et de son exemple, et aida le peuple par ses distributions de blé et d'argent. Les consuls et la ville de Toulon, après la levée du siège, lui ont consacré ce monument de leur reconnaissance.

L'AN 1707

autres. Le P. Augier, de l'Oratoire de Toulon, professeur de rhétorique et excellent latiniste, nous a laissé sur ce sujet un distique remarquable par sa concision, son élégance et sa fine ironie :

Victor abit victus, late vastavit olivas;
Intactas lauros linquere cura fuit.

Victor fuyant vaincu, dévasta les oliviers autour de lui; il eut soin de laisser les lauriers intacts.

L'invasion de 1707 aurait pu avoir cependant des résultats plus heureux pour les coalisés si elle avait été conduite avec plus de célérité, de décision, d'ensemble et d'unité dans les plans. Comme on l'a remarqué, la flotte formidable qui, dans le siège d'une ville maritime, aurait dû jouer un si grand rôle, n'apparut en rien dans les opérations, et à peine si nous la voyons, la veille de la levée du siège, mettre quelques galiotes en ligne pour bombarder la ville. On doit se demander ce qui serait advenu si, dès les premiers jours, les vaisseaux anglais avaient écrasé sous le feu de leurs batteries les forts de Sainte-Marguerite, Saint-Louis et forcé la rade de Toulon en réduisant au silence la Grosse-Tour. En réalité, sa coopération se borna à débarquer à Hyères, à Carqueiranne et à la Garonne, des canons, des vivres et des munitions, et ses faits de guerre à quelques descentes rapides sur les côtes de Saint-Nazaire et de Bandol. Il semble que l'amiral Showel fut un homme d'un caractère ingouvernable et toujours en hostilité avec les chefs de l'armée : « Il a toujours donné de grands chagrins » aux généraux alliés, dit Devize, refusant presque tous les » jours de faire ce qu'ils souhaitoient de luy. » Sa mort doit rendre miséricordieux pour ses fautes militaires : il fit naufrage quelque temps après et périt avec tout l'équipage de son vaisseau.

Mais les principales causes de l'insuccès des alliés doivent être attribuées aux fausses opérations du duc de Savoie, dont le prince Eugène supporta injustement une partie des responsabilités. Il s'en montra souvent irrité et, dans un conseil qui fut tenu à Fréjus pour arrêter les termes d'un rapport aux Etats Généraux des alliés, il s'exprima librement et avec une grande vivacité de langage. Il blâma les lenteurs de la marche de l'armée, du Var à Toulon, qui avaient permis aux bataillons de secours d'arriver avant elle sous la place ; il déclara que selon son avis, souvent exprimé, la flotte aurait dû pénétrer de force dans la petite rade, même avant la prise des forts qui en défendaient l'entrée et quelque dommage qu'elle pût en éprouver; qu'une fois embossée dans la petite rade, elle aurait tenu l'arsenal sous la bouche de ses canons et l'aurait facilement incendié, pendant qu'elle aurait débarqué à la Seyne dix à douze mille hommes, destinés à couper les communications avec Marseille et à opérer contre le camp de Sainte-Anne par l'ouest. Finalement, si on avait reconnu l'impossibilité de débusquer le maréchal de Tessé de Sainte-Anne, il fallait marcher droit à Aix, et il ajouta « que si on avoit » exécuté toutes ces choses, on auroit fait infailliblement » des progrès en Provence, où les alliés auroient pu se » maintenir tout l'hyver ».

Le duc de Savoie ne se dissimulait pas l'humiliation de l'échec qu'il venait d'éprouver. Un de ses ancêtres, Charles Emmanuel, rentrant à Nice en 1592, après avoir laissé en Provence son armée, un million d'écus et ses espérances d'annexion de territoire, disait à la reine venue à sa rencontre à Nice : « Ma mie ! J'arrive de l'école. Vous » connoitrez à l'avenir que je n'ai pas mal employé mon » temps. » En 1707, Victor Amédée passant par Fréjus, après la levée du siège, et s'entretenant avec le P. Charonnier, supérieur de la maison des Jésuites, lui dit : « Mon » Père ! J'ai fait une *cacade*. C'étoit un dessein de l'Angle- » terre projeté depuis longtemps, et si on m'avoit crû, au » lieu de venir faire en Provence les sottises que je suis » venu faire, j'aurois plus aisément porté la guerre aux » portes de Lyon par la Savoie. » Il y avait peut-être dans ces paroles un aveu des tiraillements qui existaient dans les conseils suprêmes des puissances coalisées, et l'explication des raisons qui firent si longtemps douter la Cour de France que la concentration des troupes ennemies dans les Alpes fut une menace pour la Provence. Plus tard, le duc de Savoie, prince peu respectueux par nature de la vérité, quand ses intérêts ou son orgueil pouvaient en souffrir, paraît avoir voulu tromper l'opinion publique sur les véritables motifs de sa retraite précipitée, en les attribuant aux exigences impérieuses de la diplomatie. En 1714, une députation composée du premier consul, du lieutenant de l'amirauté et du procureur du roi de Fréjus, se rendit, sur les instances de Mgr de Fleury, évêque de la ville, à Nice, où le duc venait d'arriver, pour le remercier d'avoir sauvé Fréjus du pillage en 1707. Les trois députés furent reçus « avec les marques d'une sensibilité » inexprimable ». Au cours d'une entrevue, qui fut très longue, le duc dit tout-à-coup aux députés : « Qu'avés- » vous pensé du siège de Toulon ? — Nous avons pensé, » répondit le consul, ce que nous avions pensé du siège de » Turin (1). — Il faut, dit le duc, que je vous *destille (sic)* » les yeux là dessus. Vous en avés l'obligation au roy de

(1) En 1706, les Français, battus sous les murs de Turin, avaient été obligés de lever le siège de cette ville.

» Suède. Ce roy menaçoit d'entrer dans la Bohême et » la Silésie. L'empereur en eut peur, et ce ne fut qu'à la » condition qu'on ne prendroit pas Toulon qu'il n'entra pas » dans ces provinces; et vous pouvés juger de ce que je » vous dis par la différence de la marche que je fis en » allant d'avec celle que je tins en revenant (1). »

Il n'y avait dans cette assertion du duc de Savoie qu'une audacieuse supercherie destinée à sauver son amour propre devant des Provençaux ; mais, par le fait de circonstances inattendues, elle prit un moment dans l'histoire une importance qu'elle ne méritait pas. De retour à Fréjus, les trois députés de la ville avaient rédigé, pour être remis au conseil, un rapport circonstancié sur leur entrevue avec le prince, et en avaient envoyé une copie à l'évêque, en ce moment absent de son diocèse. Plusieurs années après, Mgr de Fleury, devenu cardinal, communiqua ce document à la Baumelle, à titre de renseignement, pour la rédaction de ses *Mémoires pour servir à l'histoire de Madame de Maintenon*. On ne sait comment ni pourquoi la Baumelle se laissa entraîner à altérer le texte documentaire de façon à affirmer que la levée du siège de Toulon avait été imposée à Victor Amédée par une menace d'intervention armée de Charles XII, qui aurait dit au duc de Marlborough : Si Toulon est pris, j'irai le reprendre ! Cette exagération, que rien ne justifiait, produisit une vive émotion dans le monde politique. Voltaire, qui n'aimait pas la Baumelle, lequel le méprisait à son tour, lui reprocha durement, dans son *Siècle de Louis XIV*, d'avoir inventé un mensonge pour fausser l'histoire. En réalité, la Baumelle n'était

(1) F. Mireur. *Les causes de la levée du siège de Toulon* en 1707. D'après les *Archives communales de Fréjus*. Série BB. 24.

coupable que d'avoir, avec plus ou moins de mauvaise foi, confondu une prétendue menace d'envahissement de la Bohême et de la Silésie avec une intervention de Charles XII sous les murs de Toulon, ce que ni le duc de Savoie, ni les députés de Fréjus n'avaient jamais dit, et ce qui était profondément ridicule.

Les invasions de la Provence par le Var n'ont jamais été heureuses. Le connétable de Bourbon en 1524 et l'empereur Charles-Quint en 1536 en avaient déjà fait la cruelle expérience. Quoique dissimulée sous les apparences d'une intervention désintéressée en faveur de la Ligue, celle de Charles-Emmanuel en 1590 n'avait été marquée que par des défaites successives et, finalement, par la retraite précipitée du duc de Savoie. Cent dix-sept ans après, un autre duc de Savoie, avec le concours d'un des plus illustres capitaines de l'époque et l'appui d'une flotte anglaise formidable, venait de voir ses armes succomber sous les murs de Toulon, et moins de quarante ans plus tard, en 1746, une armée austro-sarde ayant de nouveau envahi le pays devait reprendre bientôt le chemin de la frontière sans avoir pu même franchir le cours de l'Argens. Il y a des enseignements à tirer de ces leçons du passé.

Au moment où j'écris ces lignes (juillet 1889), il se fait comme un grand bruit d'armes autour de la France, politiquement isolée en Europe comme elle l'était aux temps des guerres de la succession d'Espagne. La Prusse, l'Italie, d'autres nations peut-être encore, semblent avoir formé contre elle une coalition dont le but final serait de pousser le corps germanique sur la vieille Gaule par ses frontières de l'Est, pendant que l'Italie lui donnerait l'assaut par ses frontières des Alpes et du Var. Dans cet effroyable démembrement de la patrie française projeté dans les conseils des rois et des peuples, la tâche dévolue à la maison de Savoie est difficile et périlleuse. En descendant des hauts sommets du Piémont sur le sol sacré de Rome, elle n'a pas acquis des aïeuls. Les Quintus Opimius et les Caius Sextius Calvinus qui, l'an 154 avant J.-C., passèrent le Var sur l'ordre du sénat, sont étrangers à sa race, et les légions victorieuses qui soumirent au joug de la République les tribus saliennes de la *Provincia romana* n'ont pas laissé d'héritiers dans les régiments Piémontais, Lombards, Napolitains, Toscans ou Siciliens qui campent aujourd'hui au pied du Capitole. Si, avant d'étonner le monde par l'immensité de son ingratitude, le roi Humbert interrogeait les traditions de ses ancêtres pour y chercher des exemples et des encouragements, il n'y trouverait que les souvenirs amers de Charles-Emmanuel et de Victor-Amédée. Ils sont insuffisants pour justifier ses rêves ambitieux d'annexion de territoire provençal.

Toulon. Imprimerie du Petit Var.

PLAN FIGURATIF DE TOULON ET DE SES ALENTOURS

A L'ÉPOQUE DU SIÈGE DE 1707

Dressé par M. Edmond MILLOU, agent-voyer.

Château de Dardennes
Dardennes
Vallon et Chemin des Favières
Montagne de Faron
Fort St Antoine
Chemin de Dardennes
Grand Camp de Ste Anne
Route Nationale de Marseille
Camp de Missiessy
LA VALETTE
Campement des Savoyards.
LA GARDE
TOULON
Porte St Lazare
Route Nationale ou d'Italie
La Polasse
l'Égoutier
Retranchement des Alliés
Campement de l'Armée Austro-Allemande
Hauteurs de Lamalgue
Le Tonnant
Le St Philippe
Marais
Pointe de Milhaud
PETITE RADE
Rade de la Seyne
LA SEYNE
Chapelle des Morts
Fort de l'Eguillette
Fort de Balaguier
Grosse-Tour
Fort St Louis
Cap-Brun
Port-Méjan
Ch^teau de Ste Marguerite
GRANDE RADE
Rade du Lazaret
le Lazaret
les Sablettes
Anse des Sablettes
Pointe de la Grande Lauve
Cap Sepet

LÉGENDE

Batteries françaises

A. Batterie de Ponche-Rimade.
B. Bastion des Minimes et Redoute.
C. — de Saint-Bernard.
D. — de Sainte-Ursule.
E. — de la Fonderie.
F. — royal.
G. — de l'Arsenal.
H. — du Marais.
(E. à H.) Ces quatre bastions ne furont pas attaqués.
I. — de la Darse neuve
K. — de la Darse vieille
(I. et K.) ne paraissent pas avoir été attaqués.

Vaisseau le *Tonnant* et vaisseau le *Saint-Philippe*.

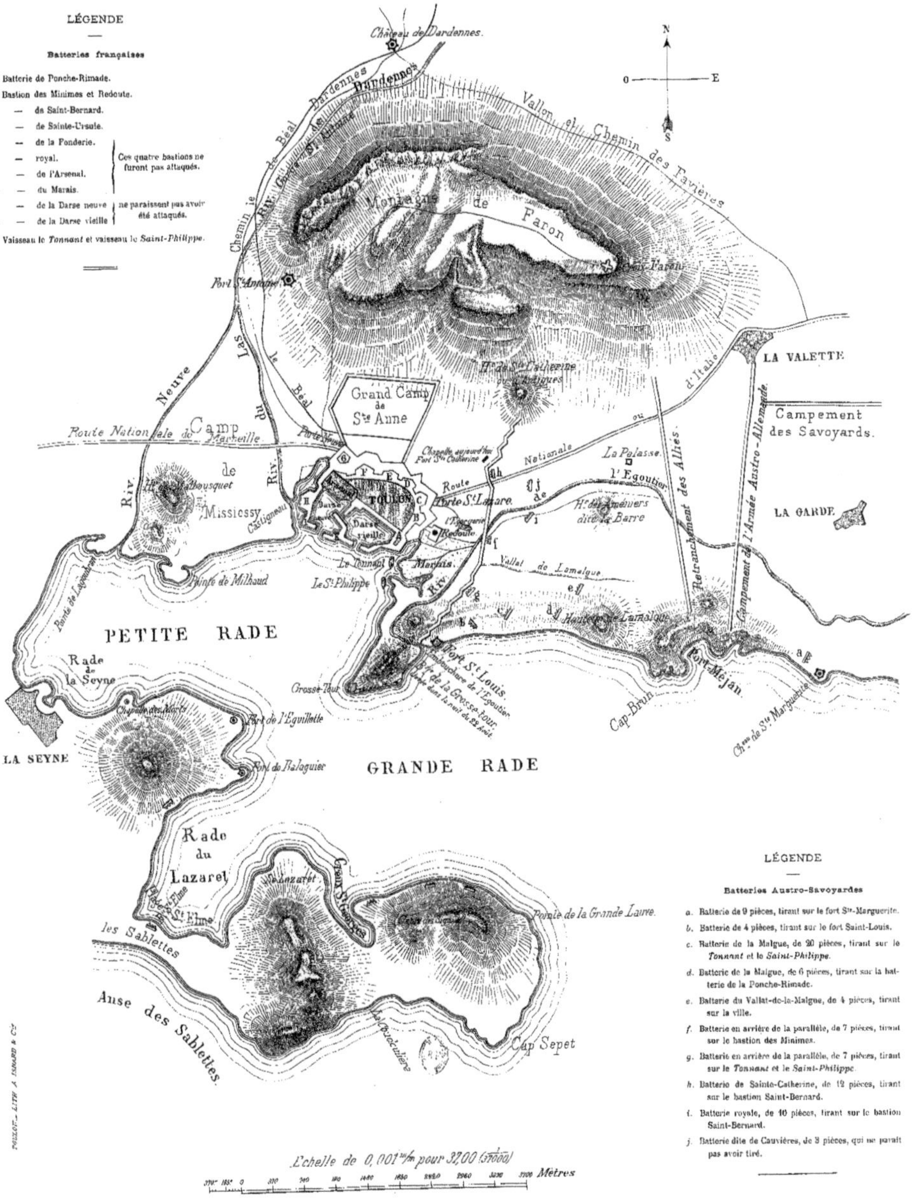

LÉGENDE

Batteries Austro-Savoyardes

a. Batterie de 9 pièces, tirant sur le fort Ste-Marguerite.
b. Batterie de 4 pièces, tirant sur le fort Saint-Louis.
c. Batterie de la Malgue, de 20 pièces, tirant sur le *Tonnant* et le *Saint-Philippe*.
d. Batterie de la Malgue, de 6 pièces, tirant sur la batterie de la Ponche-Rimade.
e. Batterie du Vallat-de-la-Malgue, de 4 pièces, tirant sur la ville.
f. Batterie en arrière de la parallèle, de 7 pièces, tirant sur le bastion des Minimes.
g. Batterie en arrière de la parallèle, de 7 pièces, tirant sur le *Tonnant* et le *Saint-Philippe*.
h. Batterie de Sainte-Catherine, de 12 pièces, tirant sur le bastion Saint-Bernard.
i. Batterie royale, de 10 pièces, tirant sur le bastion Saint-Bernard.
j. Batterie dite de Cauvières, de 3 pièces, qui ne paraît pas avoir tiré.

Echelle de 0,001 m/m pour 37,00 (37000)

370 185 0 370 740 1110 1480 1850 2220 2590 2960 3330 3700 Mètres

TOULON _ LITH. A. ISNARD & Cie

OUVRAGES DU MÊME AUTEUR

Histoire des guerres de religion en Provence. 2 vol. in-8°.

Les consuls de Toulon commandants militaires et lieutenants du roi au gouvernement de la ville. 1 vol. in-8°.

Nicolas Laugier (de Toulon), graveur d'histoire. Sa vie et ses œuvres. In-8°.

Le régime municipal et l'affranchissement des communes en Provence au moyen âge. 1 vol. in-8°.

L'œuvre de la Rédemption des captifs à Toulon. 1 vol. in-8°.

Histoire de Toulon. 3 vol. in-8°.
Le quatrième et dernier volume est sous presse.

www.ingramcontent.com/pod-product-compliance
Ingram Content Group UK Ltd.
Pitfield, Milton Keynes, MK11 3LW, UK
UKHW022116190726
13855UKWH00003B/888

9 782013 049801